Eiko Hanaoka

Unendliche Offenheit und absolutes Nichts

Begegnung

Kontextuell-dialogische Studien zur Theologie der Kulturen

und Religionen

Herausgegeben von

Hans Waldenfels, Günter Riße, Claude Ozankom und Klaus Vellguth

Band 29

Eiko Hanaoka

Unendliche Offenheit und absolutes Nichts

Überlegungen zu Buddhismus und Christentum, modernem Denken und religiöser Verankerung

Statt eines Nachwortes eine Einladung von Hans Waldenfels

BONIFATIUS

Bibliografische Information der Deutschen Nationalbibliothek:

Die Deutsche Nationalbibliothek verzeichnet diese Publikation in der Deutschen Nationalbibliografie;
detaillierte bibliografische Daten sind im Internet über
http://dnb.d-nb.de abrufbar.

Umschlaggrafik: Karin Cordes

Das Logo der Reihe auf dem Cover mit freundlicher Genehmigung
des Borengässer-Verlages

ISBN 978-3-89710-901-8

Weitere Informationen zum Verlag:
www.bonifatius-verlag.de

Gesamtherstellung: Bonifatius GmbH Druck · Buch · Verlag Paderborn

Inhalt

Vorwort

Es ist schon einige Jahre her, seitdem ich als Professorin meinen Dienst beendet habe. Nach meiner Tätigkeit an den Universitäten bin ich von Kyoto nach Hiroshima umgezogen, wo ich seit meiner Grundschulzeit bis zur höheren Schule gelebt habe.

In meiner jetzigen Wohnung in den Bergen von Hiroshima kann ich mein religionsphilosophisches Studium und andere Forschungen weiterführen, auch wenn ich meine jüngere Schwester aufgrund ihrer Krankheit pflegen muss.

Zwischendurch habe ich glücklicherweise oft die Gelegenheit, auf wissenschaftlichen Kongressen an verschiedenen Universitäten in Japan und im Ausland Vorträge zu halten, auch in Deutschland. Zugleich kann ich Aufsätze schreiben und so am Gespräch zwischen Ost und West teilnehmen. Dafür bin ich vielen Kollegen sehr dankbar; ich nenne die Professoren Hans Waldenfels, Heinz-Robert Schlette, Hans-Jürgen Greschat, Reiner Wiehl, Heinz Kimmerle und Hamid Reza Yousefi.

Viele religionsphilosophische Probleme beschäftigen mich nach wie vor. In diesem Werk geht es mir vor allem um die urgründliche Koinzidenz in ihrer Tiefe als grundlosen Grund, um das Absolute Nichts als absolute unendliche Offenheit zwischen Zen und Christentum, bei japanischen und europäischen Philosophen und Theologen, bei meine Lehrern Kitarō Nishida und vor allem Keiji Nishitani, bei Paul Tillich und Hans Waldenfels, bei Reiner Wiehl als Spezialist der organischen Philosophie A.N. Whiteheads. Ich hoffe, den Dialog mit Hans Waldenfels mit diesem Buch gewissermaßen vertiefen zu können, der freundlicherweise meine Denkweise in der Neuausgabe seines Buches *Absolutes Nichts* (Bonifatius Verlag Paderborn 2012, 243-249) diskutiert hat.

Professor Hans Waldenfels möchte ich auch sehr herzlich danken, dass er meine deutschen Beiträge in seine Reihe „Begegnung" aufgenommen hat, und der Waldenfels-Born-Stiftung, dass sie die Veröffentlichung des Buches im Paderborner Bonifatius Verlag finanziell unterstützt hat.

Hiroshima den 3. Oktober 2020
Eiko Hanaoka (-Kawamura)

Kapitel 1

Religiöse Identität – Fallbeispiel Japan

Die Frage der religiösen Identität ist in Japan nicht leicht zu erörtern, da sie in ihrer Verbindlichkeit in Japan nicht so brisant ist wie in Europa. Im fernöstlichen Inselreich Japan gibt es viele Religionen. Doch diese werden weniger im Gegensatz zueinander als in ihrer Fähigkeit, einander zu ergänzen und damit in ihrer Harmonie miteinander gesehen. So ist die Beziehung zwischen Shintō und Buddhismus kein wahrer Gegensatz, zumal der in Japan einheimische Shintō sich im Laufe der Geschichte vieles von den Lehren des Buddhismus angeeignet hat und umgekehrt, so dass viele Japaner diese beiden Religionen nicht mehr streng unterscheiden können, – sieht man von dem Unterschied ab, der zwischen Buddha als Dharma und den Kami als japanischen Volksgöttern besteht. Der Shintō bestimmt im Großen und Ganzen die religiöse Lebenshaltung und das Denken, in dem die traditionelle japanische Kultur wurzelt. Seit dem letzten Jahrhundert sind zudem in Japan viele neue Religionen entstanden, in denen Menschen auf rein innerweltlicher und materieller Ebene nach Erlösung suchen, anstatt auf einer für Geist, Herz und Körper innerlichen und menschlichen Ebene religiöser zu werden. Die betonte Innerweltlichkeit ist ein Grund dafür, dass eine Religion wie Ōmu-shinrikyō (*Aum)* entstehen konnte, deren Begründer in den letzten Jahren Japan wie der ganzen Welt in Sachen Religion ungeheuren Schaden zugefügt hat.

Die einzige Religion, die weniger auf Harmonie als auf Unterscheidung hingewirkt hat, ist das Christentum. Doch selbst dieses verliert inzwischen mehr und mehr seinen exklusiven Charakter. Es fällt auf, dass auch in der verhältnismäßig konservativen Japan Society of Christian Studies kaum noch von einem Absolutheitsanspruch des Christentums gegenüber anderen Religionen der Welt gesprochen wird. Für mich selbst ist der von den Philosophen Kitarō Nishida (1870-1945) und Keiji Nishitani (1900-1990) gebrauchte Begriff der „absolut kontradiktorischen Selbstidentität" (jap.: *zettaimujunteki jikodoitsu*) zu einem Schlüsselbegriff[1] geworden. Der

---

[1] Der im Deutschen eher ungewohnte Begriff der „Selbstidentität" bedarf einer eingehenderen Begründung. „Selbstidentität" bezieht sich bei den genannten japanischen Denkern auf die grundlegende Identität, die selbst in der Polarität gegensätzlicher Seinsweisen fortbesteht. Heidegger spricht da, wo von der das Selbst betreffenden Identität die Rede ist, nicht von „Identität", sondern vom „Gleichen". Nishida verwendet das Wort „Selbstidentität" – im

Begriff ist schwer zu übersetzen, ist aber seit der Spätphilosophie Nishidas immer mehr zu einem Ausdruck auch des Verhältnisses von Buddhismus und Christentum geworden. Ort ihrer Begegnung ist das „Feld des absoluten Nichts" (Nishida) bzw. das „Feld der Leerheit" *(śūnyatā)* (Nishitani) oder, in meiner Sprache, „der absoluten unendlichen Offenheit". Die Anwendung des Begriffs auf das Verhältnis von Buddhismus und Christentum hat damit zu tun, dass zwischen ihnen der größte Gegensatz besteht. Er besagt aber dann, dass beide Religionen im Grunde, d. h. unter dem Gesichtspunkt des absoluten Nichts, ihren gemeinsamen Grund in gleichzeitiger Verschiedenheit haben. Dabei erfährt und versteht man Gott als absolutes Nichts.

Im Folgenden möchte ich das Problem der religiösen Identität in Japan unter dem Gesichtspunkt des absoluten Nichts als der absoluten unendlichen Offenheit in folgenden Abschnitten behandeln: Nach einer kurzen Erläuterung meiner eigenen Biographie bespreche ich das absolute Nichts als absolute unendliche Offenheit, sodann die Erfahrung der ursprünglichen Einheit. Hier stellt sich dann die Frage nach der Kultur und ihrem Ausdruck und dem Verhältnis von Natur und Kultur. Ich schließe mit der Übertragung des Begriffs „absolut kontradiktorische Selbstidentität" auf das Verhältnis von Christentum und Buddhismus.

Zur eigenen religiösen Biographie

Das vielleicht größte Fest Japans ist das Neujahrsfest. Die Menschen schmücken ihre Häusers mit „*Kadomatsu*" (Neujahrskiefern), sie besuchen die alten Shintō-Schreine, den Ise-Schrein, den Yasukuni-Schrein in Tokyo, den Heian-Schrein in Kyoto oder einen Schrein in der Nachbarschaft. Sie kaufen *Ofuda*-Amulette, um sich zu schützen. Eigentlich wird in Japan alles Freudige am Schrein gefeiert die Geburt, die Hochzeit, Kinderfeste. Dagegen wird der Tod in der Regel im buddhistischen Tempel bedacht. So gibt es im August eine Art Allerseelenfest, das *Bon*-Fest. Auch die Begräbnisfeier findet zumeist im Tempel statt. Wenn in einer Familie der Mann

---

Sinne des Buddhismus — nur, wo es, wie gesagt, um die Polarität von kontradiktorischen Seinsweisen wie gut-böse, Zeit-Raum, Tatsache-Theorie, Linie-Kreis u.ä. geht und diese in ihrem Grund „leer", d. h. eins im Selbst ist, obwohl oberflächlich, d. h. auf der Ebene der Subjekt-Objekt-Spaltung, die Zweiheit der kontradiktorischen Seinsweisen erscheint. „Selbstidentität" ist folglich nicht als Gegensatz zu einer, wie immer gearteten, „Fremd-Identität" zu sehen. Die im Mahāyāna-Buddhismus angestrebte Ebene der Leerheit (skr.: śūnyatā) lässt keine „Fremde" mehr zu.

Buddhist und die Frau Christin ist und einer von ihnen stirbt, werden oft zwei Begräbnisfeiern veranstaltet, eine buddhistische und eine christliche. Das habe ich schon oft erfahren. Weihnachten ist ein christliches Fest und doch zugleich ein Fest aller Japaner. Selbst die Zahl der Japaner, die keine Christen sind, aber christlich ihre Hochzeit feiern, nimmt zu.

All das zeigt, dass die religiöse Identität in Japan schwer zu bestimmen und zu beschreiben ist. In meiner Familie war mein Vater Zen-Buddhist, meine Mutter halb christlich und halb konfuzianisch. Mein Großvater und mein Urgroßvater waren konfuzianisch, obwohl sie echte Japaner waren; eine meiner Großmütter war getaufte Christin. Meine ältere Schwester ist katholisch getauft, während meine jüngere Schwester, mein Bruder und ich selbst evangelisch sind. Das führte von selbst dahin, dass in meiner Familie alle Mitglieder religiös sehr tolerant sind. Sie alle verstehen andere Religionen, insofern sie in meiner Familie gelebt werden, und sind davon überzeugt, dass alle Religionen im Grunde identisch sind. Ich selbst bin in einer solchen religiösen Situation aufgewachsen und lebe in ihr.

Was für meine Familie gilt, gilt weithin für viele andere Familien in Japan. Ihre religiöse Situation unterscheidet sich nicht sehr von der meiner Familie. Ich selbst bin religiös frei erzogen worden. Meine Eltern haben mir nur gesagt, dass ein Mensch Gott gegenüber immer in Dankbarkeit leben muss. Aber ich wusste nicht, welchen Gott meine Eltern mit dem Wort meinten.

Als ich später unter der Leitung von Professor Keiji Nishitani an der Universität Kyoto Religionsphilosophie studierte, war ich weder Christin noch Buddhistin. Ich wollte damals an der Universität Kyoto nur in der Wahrheit leben. In dieser Zeit begann unter der Leitung von Professor Nishitani zugleich meine religiöse Wanderung. Zunächst wurde ich in der evangelischen Kirche getauft. Damals hatte ich nur einen Wunsch, dass ich von dieser endlichen Welt gerettet werde und einen ewigen Weg im Christentum finden könnte.

An der Universität Kyoto hatte ich auch drei Lehrer. Jeder von ihnen lebte in einer anderen Religion bzw. religiösen Schule. Professor Nishitani war, wie er selbst von sich sagte, ein „werdend gewordener Buddhist" und zugleich ein „werdender Christ". Mein zweiter Lehrer Professor Yoshinori Takeuchi (1913-2002) war Buddhist, doch nicht in der zen-buddhistischen Richtung, sondern im Reine-Land-Buddhismus. Mein dritter Lehrer Professor Kazuo Mutō, (1912-1995), war evangelischer Christ; für ihn aber war Gott das absolute Nichts. Von diesen Lehrern sollte ich die verschiedenen Denk- und Lebensweisen in Christentum und Buddhismus erlernen. Das

gilt umso mehr, als man in Japan Wissenschaft und Religion nicht so streng trennt. Denn wir Japaner denken, dass wie in der Mystik das Leben vor der „Philosophie als Wissenschaft" bzw. wie im Zen das Leben nach der „Philosophie als Wissenschaft" in die Religionsphilosophie führen sollte.
Während der Vorbereitung auf meine Promotion an der Universität Kyoto bin ich dann nach Hamburg gewechselt, wo ich mit meinem Mann bei Professor Helmut Thielicke (1908-1986) promovierte. Mein Mann wurde erst in Hamburg getauft. Thema meiner Doktorarbeit war „Das Problem des Weltbezugs bei Kierkegaard unter dem Gesichtspunk von Angst und Verzweiflung". Nach meiner Rückkehr nach Japan habe ich zuerst etwa drei Jahre als Vikarin in einer Gemeinde in Kyoto gearbeitet. Als dann mein Mann an Magenkrebs starb, half mir leider das Christentum allein nicht mehr. Ich machte dann sehr intensive Zen-Übungen. Im zen-buddhistischen Tempel wurde ich dann wie in der Kirche aufgefordert zu predigen. Inzwischen lebe ich über 17 Jahre sowohl als Christin als auch als Zen-Buddhistin. Darin gleiche ich vielen Japanern. Tatsächlich lebe ich heute nach meinem Wunsch weder in der Kirche noch im Tempel, sondern nur an der Universität, so dass meine Identität dreifach geprägt ist: christlich, zenbuddhistisch und philosophisch-wissenschaftlich.
Menschen, die nicht nur christlich, sondern auch zugleich buddhistisch leben, suchen in gewissem Sinne die Selbstidentität aller Weltreligionen zu verwirklichen. Die Vertreter der Kyoto-Schule[2] wie Nishida, Tanabe, Nishitani und viele andere suchen diese Identität aller Weltreligionen im absoluten Nichts als absoluter unendlicher Offenheit unter Verwendung des Terminus der „absolut kontradiktorischen Selbstidentität" zu begründen.

Das absolute Nichts als absolute unendliche Offenheit

Das letzte einende Wort heißt in Nishidas Philosophie „absolutes Nichts". Es ist identisch mit der Leerheit bei Nagarjuna und im Mahāyāna-Buddhismus. In meiner Ausdrucksweise ist die Erfahrung der Grund-Einheit die „absolute unendliche Offenheit".
Diese Formulierung setzt bei der Alltagssprache an. Es muss daher erklärt werden, was „die absolute unendliche Offenheit" bedeutet. „Offenheit" meint hier das, in dem nichts substanziell ist, sondern alles abhängig voneinander besteht und selbstständig ohne andere Hilfe nicht leben kann.

---

[2] Vgl. R. Ohashi (Hg.), Die Philosophie der Kyoto-Schule. Texte und Einführung, Freiburg / München, 1990.

Der Terminus „unendlich" besagt, dass es kein absolutes Zentrum gibt, sondern dass dieses überall in der Offenheit gegeben ist, so dass jeder Punkt zugleich das absolute Zentrum ist und als solches in der Offenheit unmittelbar die Ewigkeit berührt.

Mein Begriff findet buddhistisch seine Erklärung in der Rede von der „Entstehung in Abhängigkeit" (engl.: *interdependent origination*, jap.: *engi*, skt.: *pratītyasamutpāda*)[3]. In der Lehre von der „Entstehung in Abhängigkeit" entsteht die ganze Schöpfung in wechselseitiger Abhängigkeit voneinander, so dass nichts selbstständig ist. In diesem Sinn heißt es im Mahāyāna-Buddhismus: „Die Form (das Ding) ist Leerheit" (jap. *shiki-soku-zeku*). Doch die „Entstehung in Abhängigkeit" hat gerade deshalb als ihre Kehrseite die absolute Selbstständigkeit eines jeden Einzelnen in dieser Welt: Jeder Augenblick ist erfüllt mit dem Ewigen, ist in diesem Sinne absolut, und jedes Ding in dieser Welt ist absolut selbstständig und kann durch nichts ersetzt werden. In diesem Sinn sagt man im Mahāyāna-Buddhismus auch umgekehrt: „Die Leerheit ist die Form" (jap. *kusokuzeshiki*) ... Genauer gesagt, eben in der Leerheit wird die Form (oder das Ding) aufs Neue absolut, indem jede Form oder jedes Ding in jedem Augenblick das ewige Jetzt berührt, obwohl sie bzw. es immer noch leer, d. h. nicht substanziell ist; jeder Augenblick der Zeit wird mit dem Ewigen erfüllt.

Diese Tatsache ist für den erfahrbar, der in der Zen-Halle Zazen übt. In der Zen-Übung erfährt der Übende zuerst, dass die ganze Schöpfung einschließlich des Übenden, im Grunde nichts und leer ist; sie ist dann einerseits die Erfahrung des ursprünglichen Einen, das sich noch nicht in die phänomenale Welt der Vielheit gespalten hat, andererseits die Erfahrung der ursprünglichen Einheit von Natur, Mensch und Transzendenz, die sich aus dem ursprünglichen Einen gespalten haben. Beide Seiten sind im Grunde eins, weil alles in der phänomenalen Welt als Einheit erfahren werden kann. Die in der Zen-Übung erfahrene Einheit ist so zugleich als All, d. h. als die in die Vielheit gespaltene Welt, zu verstehen.

---

[3] Vgl. Chuganron, jap. Ed. Mitsuyoshi Saigusa, Daisanbunmeisha, Regurusu-Bunko Nr. 158-160, 1984. Die „Entstehung in Abhängigkeit" als Ausdruck für das Sein aller Dinge in der Welt ist in der Philosophie Nishidas als „das absolute Nichts" und in der Philosophie Nishitanis religionsphilosophisch als die „Leere" bezeichnet worden. Der Begriff des absoluten Nichts bei Nishida leitet sich vom buddhistischen Begriff der „absoluten Mitte" (jap.: zettaichu) her (vgl. Sanrongengi, Bd.3). Der Begriff „absolut" bedeutet einerseits Selbstverneinung bzw. Selbstentleerung und sucht andererseits den Gegensatz zu jeder Art von Polarität zu transzendieren bzw. zu begründen. Vgl. zur Lehre von der Entstehung in Abhängigkeit: Y. Takeuchi, The Heart of Buddhism, New York 1983,.63-143.

Wo aber das absolute Nichts als die ursprüngliche Einheit oder umgekehrt gesagt, als die Einheit von Natur, Mensch und Transzendenz erfahren wird, wird die zunächst in ihren Gegensätzen gesehene objektive Welt nicht nur als die Welt der Vielheit, sondern zugleich auch als die eine Welt erfahren, in der die phänomenale Vielheit gleichzeitig als Einheit im Grunde erfahren wird. Durch die Erfahrung solcher Einheit berührt jeder Augenblick eines Menschen, der dieses erfahren hat, die Ewigkeit. So erfährt der Mensch die Ewigkeit, d. h. das absolute Nichts als die unendliche Offenheit zu jeder Zeit in jeder Form oder in jedem Ding der Welt der Vielheit.

Die Erfahrung der ursprünglichen Einheit

Wenn man die oben genannte ursprüngliche Einheit erfährt, kommt man nicht umhin, diese Erfahrung durch Literatur, Musik, Gemälde, Bildhauerei, Philosophie u.a. „auszudrücken", weil die Erfahrung der ursprünglichen Einheit stets die Erfahrung der wahren Realität ist. Wenn man aber die wahre Realität erfährt, will man sie im Selbstgewahren[4], das dieses Erfahrens ist, zum „Ausdruck" bringen. Erst in diesem „Ausdruck" wird die Tatsache der Einheit der wahren Realität erfahren.
Wenn der Mensch die Einheit der wahren Realität erfährt und diese Erfahrung in Religion, Philosophie oder Religionsphilosophie ausdrückt, kommt es zur wahren Selbstsgewahrnis. Würde es nicht zu diesem Ausdruck kommen, käme es auch nicht zur wahren Selbstgewahrnis; die Gelegenheit, des wahren Selbst gewahr zu werden, ginge verloren. Doch durch den Ausdruck der Erfahrung der Einheit der wahren Realität kann das wahre Selbst kreativ selbstständig und frei leben. Der Standpunkt des Ausdrucks der Erfahrung jener Einheit verlangt aber zuerst von dem Selbst, dass es sein Ego verlässt und des wahren Selbst gewahr wird. Soll die Erfahrung jener Einheit ausgedrückt werden, muss jedes Zweckdenken zurückstehen, so dass die Erfahrung jener Einheit in Form, Figur, Gestalt u.a. Ausdruck findet, die je für sich vom Menschen getrennt sind. Nur durch den Tod des eigenen Ego kann der Mensch des wahren Selbst gewahr werden.
Nur durch den Tod des Ego ist der Ausdruck der Erfahrung jener Einheit möglich, weil das egozentrische Ego erst stirbt, wo es mit der wahren Realität eins wird und diese unmittelbar erfährt, indem es selbst diese

[4] Vgl. K. Nishitani, Über das Gewahren, übersetzt von R. Elberfeld in: G. Stenger / M. Roehrig (Hg.), Philosophie der Struktur – „Fahrzeug" der Zukunft. FS H. Rombach. Freiburg / München, 1995, 77-93.

Realität ist. Wenn das egozentrische Ego stirbt und das Selbst des wahren Selbst gewahr wird, wird diese Erfahrung der wahren Realität zur Erfahrung der Einheit des *kokoro* (dt.: Herz und Geist) des Menschen, der Natur und der Transzendenz. Dies ist dann der religiöse Weg zur wahren Realität. In dieser Erfahrung gibt es aber keinen Unterschied zwischen den verschiedenen Religionen. Denn auf der einen Seite transzendiert die wahre Realität den Gegensatz von Realismus und Idealismus; zugleich schließt sie die anfängliche und ursprüngliche Einheit ein. Auf der anderen Seite besagt die wahre Realität die Wirklichkeit, die vom Selbst eröffnet und in der Trennung von Natur, Menschen und Transzendenz erreicht wird. Freilich ist die Ausdrucksweise der Erfahrung jener Einheit sehr unterschiedlich in den verschiedenen Religionen.

Es gibt aber außer dem religiösen Weg noch einen anderen Weg zur wahren Realität, auf dem das Ego stirbt und zum absoluten Nichts wird, auf dem es nicht nur zur Peripherie durch den Tod des Ego, sondern zugleich durch das Selbstgewahren des wahren Selbst zum absoluten Zentrum der absoluten unendlichen Offenheit als der absoluten unendlichen Sphäre wird. Dieser andere Weg ist der Weg der Forschung der Wissenschaft oder das Leben im Vollzug, wie wir ihn bei dem japanischen Philosophen Hajime Tanabe (1885-1962), dem Nachfolger Nishidas an der Universität Kyoto, im Gegensatz zu diesem entdecken können. Nach Tanabe muss die Philosophie der europäischen Metaphysik von Aristoteles bis Hegel auf dem Grund der angeborenen Vernunft, d. h. des Verstandes, durch „*Metanoetik*", durch „Umdenken" und Reue sterben und dann aufs Neue der bereits gestorbenen Vernunft gewahr werden. Durch dieses Selbstgewahren muss die Philosophie als Religionsphilosophie neu geboren werden. Durch die Metanoetik der sogenannten ersten Philosophie können Wissenschaft und Philosophie zur wahren Realität führen, nachdem sie zuerst Mathematik und Naturwissenschaft zur naturwissenschaftlichen Philosophie vertieft und danach die naturwissenschaftliche Philosophie zur reinen Philosophie stufenweise weiterführt, vertieft, erweitert und sozusagen im Kern verbunden hat.

Über diesen zweiten Weg möchte ich hier nicht weiter sprechen, zumal es mir hauptsächlich um den ersten, den religiösen Weg geht, obwohl im alltäglichen Leben beide Wege immer zusammenwirken. Denn alle Menschen leben tatsächlich in der Verschränkung von erstem und zweitem Weg.

Das Problem von „Kultur und Ausdruck"

Wenn man die Wahrnehmung des wahren Selbst als die Grunderfahrung der ursprünglichen Einheit worthaft ausdrücken will, stellt sich das Problem der Kultur[5], weil die Sprache ein Teil der Kultur ist. Die Kultur aber hat es ihrerseits mit den Spezies, mit Volk, Nation oder Land zu tun.
Dabei zeigt sich, dass der Mensch niemals nur als einzelner bzw. als ein Mitglied der Menschheit lebt, sondern auch als ein Mitglied eines Landes und Volkes, jener Spezies Mensch, der er von Geburt an gehört, in der er erzogen wurde, in deren Klima, Geschichte und Tradition er aufgewachsen ist und lebt. Der Mensch steht immer unter dem entscheidenden Einfluss jener Spezies, die Kultur des Landes, die Sprache, die Verhaltensweisen, Gefühle und Sitten, die Kunst, die Persönlichkeit usw. bestimmen. Natürlich wirken im Selbst sowohl die eigene Individualität als auch das Allgemeine wie die göttliche Liebe (*Agape*), die wahre Sympathie, Freiheit usw. nicht nur das Spezielle.
Damit ist aber das Verhältnis zwischen dem Einzelnen, der Spezies und dem Genus des Selbst im Ausdruck der Erfahrung der ursprünglichen Einheit oder im Grund des Einen immer transparent. Darum ist auch das Spezielle im Ausdruck der ursprünglichen Erfahrung des wahren erwachten Selbst enthalten, obwohl dieses sowohl für die Individualität wie für das Genus transparent ist. Wo aber das Spezielle ein Übergewicht erhält, besteht die Gefahr, dass es Rassenprobleme oder den Imperialismus hervorbringt. Umgekehrt kann es dort, wo der Standpunkt des Genus im erwachten Selbst zu stark wird, zu einem Totalitarismus kommen, der die Welt beherrscht. Wo nur der Einzelne für wichtig gehalten wird, besteht die Gefahr, dass dieser zum Diktator wird.
Der Ausdruck der Erfahrung jener Einheit ist gelungen, wenn das Einzelne als das erwachte Selbst diese Erfahrung transparent, d. h. offen ohne Widerstand im Verhältnis von Individuellem, Speziellem und Allgemeinem zum Ausdruck bringt. Wenn das Spezielle im Ausdruck jener Einheit als unwichtig oder umgekehrt als absolut angesehen wird, wird der Ausdruck jener Einheit entweder banal und langweilig oder dämonisch und

[5] Das Wort „Kultur" stammt aus dem Lateinischen und bedeutet zunächst die Pflege des Ackers, damit verbunden die Verehrung der Götter, später auch die Pflege des Geistes und des Körpers. Fernöstlich besagt der dort gebräuchliche Begriff aber auch, dass man Menschen durch Texte und Tugend beeinflusst und dabei die Macht der Strafe nicht braucht. In unserem Zusammenhang gehen wir von der europäischen Grundbedeutung des Wortes „Kultur" aus.

geschlossen. Solche Ausdrucksformen berühren die Seiten des Herzens des Lesers nicht.
Aus den genannten Gründen sind die verschiedenen Religionen tatsächlich unterschiedlich in Bezug auf die Ausdrucksweise jener Einheit, weil diese kulturell durch die Spezies bestimmt ist. Alle Religionen sind aber im Grunde selbst-identisch, weil die Erfahrung der ursprünglichen Einheit bei allen Menschen dieselbe ist. Nur in der Ausdrucksweise unterscheidet sich jene Erfahrung, weil sie durch die kulturelle Tradition eines jeden Landes beeinflusst ist. Vergleichsweise kann man das Individuelle und das Allgemeine gut verstehen, doch das Spezielle, das in jedem Land seinen eigenen Charakter hat, ist nicht so leicht zu verstehen. In diesem Sinne lässt sich eine Religion, insofern sie durch die einem bestimmten Land eigene kulturelle Tradition bestimmt ist, in der Gegenwart unmöglich noch absolut setzen, zumal alle Länder in Bezug auf die Kultur gleichrangig sind.

Natur und Kultur

Die Natur (*physis, natura*) bedeutet, von der abendländischen Etymologie her gesagt, „geboren werden", Geburt oder, nach Heideggers Interpretation: das „Von-sich-her-Aufgehen". In diesem Sinne kann die Natur als das angesehen werden, das etwas Neues schafft. Etwas Neues kreativ zu schaffen, bedeutet eigentlich, dass man die Erfahrung der ursprünglichen Einheit ausdrückt, gleichgültig, ob man sich dieser Einheit bewusst ist oder nicht. Wenn man diese Grunderfahrung als Gedanken in Worten ausdrückt, nachdem man des wahren Selbst und darin der ursprünglichen Einheit gewahr wurde, erscheint dieser Ausdruck als der Ausdruck jener ursprünglichen Einheit, nämlich des absoluten Nichts. In einem ist der Ausdruck der Erfahrung die ursprüngliche Einheit des Selbst, das seines wahren Selbst gewahr geworden ist und der Ausdruck des absoluten Nichts selbst.
Dieser selbst-identische Ausdruck zwischen dem des wahren Selbst gewahr gewordenen Selbst und dem absoluten Nichts könnte im Grunde im Sinne der *physis* Heraklits verstanden werden. Denn die Selbstidentität jenes Selbst mit dem absoluten Nichts kann ursprünglich als „natürlich", d. h. als „von Natur aus" oder „von sich her aufgehend" (jap.: *onozukara shikaru* oder *jinen*) bezeichnet werden.
In diesem Kontext kann man sagen, dass die Erfahrung der ursprünglichen Einheit gleichsam „von Natur aus", „von sich her aufgehend" als Kultur ausgedrückt wird, obwohl es zwischen Religion und Kultur einen absoluten

Unterschied gibt. Denn in der Religion ist der Tod des Ego vorausgesetzt, und jeder Augenblick berührt die Ewigkeit. Deswegen ist die Religion in Bezug auf die Zeit immer diskontinuierlich. Doch die Kultur entsteht in der Kontinuität des Lebens, obwohl die Religion nach Paul Tillich der Inhalt der Kultur ist und die Kultur der Ausdruck der Religion. In diesem Sinne entstehen Religion und Kultur in einer je anderen Dimension. Die Natur aber als das „Von-sich-her-Aufgehen" besitzt sowohl Kontinuität als auch Diskontinuität, weil die Natur, wie Heraklit sagt, die Welt sowohl im Phänomen der Unverborgenheit (d. h. der Vielheit) als auch im ursprünglichen Einen der Verborgenheit (d. h. der Einheit) und so selbstidentisch beide Welten in sich selbst enthält.

Die Welt der Unverborgenheit und der Verborgenheit und die fundamentale Selbstidentität der beiden Welten entsteht, indem das Unverborgene als Ausdruck des Verborgenen „von sich heraufgehend", d. h. „natürlich" da ist und Unverborgenheit und Verborgenheit im Grunde auf dem Boden der absoluten unendlichen Offenheit im ursprünglichen Sinn des Wortes *physis* sind.

Die absolut kontradiktorische Selbstidentität zwischen Christentum und Buddhismus

Der entscheidende Unterschied zwischen Christentum und Buddhismus kommt in der Frage zum Ausdruck, ob es um Gott als Sein oder um Gott als das absolute Nichts geht. Wenn es um Gott als absolutes Nichts geht, kann man sagen, dass Gott und das Selbst der ganzen Schöpfung im Grunde, d. h. in der absoluten unendlichen Offenheit selbstidentisch sind[6],

---

[6] Wir verweisen zunächst noch einmal auf das in Anm. 1 Gesagte. Die „absolut kontradiktorische Selbstidentität" verschiedener Polaritäten in jedem Selbst des Menschen wie der von Gott und dem Selbst der ganzen Schöpfung oder von Einheit und Vielheit bzw. von dem Einen und dem All verstehen wir hier weder im Sinne der Hegelschen Logik noch im Sinne der christlichen Mystik, sondern im Anschluss an die „vier Dharma-Welten" des Avatamsaka-Sutra (jap.: Kegonkyō): 1. als die phänomenale Welt, 2. als die numinose Welt, 3. als die Welt, in der das Phänomenale mit dem Numinosen identisch ist, und 4. als die Welt, in der das Phänomenale und das Numinose einander ohne Hindernis beeinflussen.
In Hegels dialektischer Logik ist die Identität der verschiedenen Polaritäten spekulativ; sie entstehen nur in der Logik als Wissenschaft, in der weder Existenz noch Leben eine entscheidende Rolle spielen. Im buddhistischen Kontext handelt es sich um keine Welt vor und nach der Philosophie als Wissenschaft und um keine Welt als ihr Anfang (archē); in der christlichen Mystik, die in der „unio mystica". zwischen substantiellem Gott und substantiellen Menschen zu verstehen ist, entsteht die „coincidentia oppositorum" (die Übereinstimmung des Gegensätzlichen) nicht im alltäglichen Leben, sondern nur in der besonderen heiligen Situation.

obwohl beide in der Welt der Trennung von Subjekt und Objekt gegensätzlich und kontradiktorisch sind.

Doch wenn es um Gott als Sein geht, kann man nicht sagen, dass Gott und Selbst selbstidentisch seien, weil Gott als Sein substanziell ist. Wenn aber Gott substanziell ist, kann man auch nicht sagen, dass Gott und Selbst gegenseitig abhängig voneinander sind, weil jedes Selbst der ganzen Schöpfung nur von Gott abhängig und am Ende in die Substanz Gottes aufgenommen ist, Gott ist vom Selbst der ganzen Schöpfung nicht abhängig. Bei Gott als Sein gibt es zwischen Gott und Selbst keine gegenseitige Beschränkung, sondern nur Gnade, *Pneuma,* Erlaubnis oder göttliche Liebe (*agapē*) von Seiten Gottes.

Wenn es aber um Gott als absolutes Nichts geht, hat das Selbst einerseits wie – Gott als Sein – die gleiche Wurzel wie Himmel und Erde, er ist eins mit ihnen, andererseits ist das Selbst allein das einzige Verehrungswürdige in und unter dem Himmel. Diese letzte Seite des Selbst ist auch eine Seite des Selbst. Kurzum, Gott und Selbst sind in der absoluten unendlichen Offenheit selbstidentisch, so dass alle Religionen dort selbstidentisch sind, da alle Religionen der Ausdruck der Erfahrung der ursprünglichen Offenheit sind und ihr Unterschied in der Ausdrucksweise besteht, die wiederum durch die eigene Kultur beeinflusst ist. Deswegen kann man nicht sagen, „bei Gott als dem Sein". Denn bei Gott als dem Sein sind Gott und Selbst nicht selbstidentisch. Wenn aber Gott und Selbst nicht selbstidentisch im Selbst sind, kann das Selbst nicht wahrhaft frei leben, da Gott als das Sein vom Selbst eine Absolutheit fordert. Wenn das Selbst nicht wahrhaft frei leben kann und die Absolutheit der je eigenen Religion behauptet wird, gibt es keinen Frieden in dieser Welt und unter den Religionen.

Dagegen sind in der 3. und 4. Dharma-Welt und vor allem in der absoluten unendlichen Offenheit, die sich in allen vier Dharma-Welten öffnet, alle Polaritäten im Grunde eins, obwohl sie in der Welt der Trennung von Subjekt und Objekt ohne Zweifel absolut kontradiktorisch, d. h. gegensätzlich sind, wie wir das in der absoluten unendlichen Offenheit der Zen-Übung erfahren können. Die absolute unendliche Offenheit öffnet sich in jeder Erfahrung, in welcher Natur, Menschen und die Transzendenz eins sind.

Kapitel 2

Die wahre Realität

Es ist für mich eine große Ehre, dass ich auf Einladung von Professor Hans-Jürgen Greschat und dem Dekan des Fachbereichs evangelischer Theologie, Professor Wolfgang Bienert, an der Universität Marburg über „die wahre Realität" sprechen darf. Wenn ich mit meiner kleinen Vorlesung kulturell, philosophisch und religiös zwischen Deutschland und Japan eine Brücke schlagen kann, ist das für mich ein großes Glück.

In der Zeit der Naturwissenschaft

Man sagt, dass die Gegenwart das Zeitalter der Naturwissenschaft sei, in dem es keine Religion mehr gebe. Zwar hat sich die Naturwissenschaft in der Gegenwart in hohem Maße entwickelt, und ihr Fortschritt und ihre Entwicklung scheinen nicht zum Stillstand zu kommen. Aber aus diesem Fortschritt der Naturwissenschaft ergeben sich die verschiedensten modernen Probleme: das Problem der Verpflanzung der Eingeweide, des Gehirntodes, der Euthanasie, der künstlichen Befruchtung, aber auch der Umweltverschmutzung. Wir machen Fortschritte im Gebiet von Weltraumforschung und der Kernwaffen und bringen uns zugleich in die Krise der Ausrottung der Erde.

Nun scheint das Verlangen nach Wissen und Kenntnis im Menschen unendlich zu sein. Seit dem alten Griechentum, in dem wir die Definition von *eros* bei Sokrates im „Symposion" finden, oder seit Adam und Eva im Alten Testament von den Früchten des Baumes von Gut und Böse gegessen haben, gibt es im Verlangen nach Wissen und Kenntnis kein Ende mehr.

Das zeigt zum Beispiel das Verständnis der Naturwissenschaft bei Martin Heidegger. Nach Heidegger ist die Philosophie als Metaphysik seit Sokrates im alten Griechentum onto-theologisch charakterisiert, weil sie sich nur auf das Wesen des Seienden bezieht, aber nicht auf das Sein selbst. Aus dieser traditionellen europäischen Beziehung der Philosophie zur Welt (Natur), zum Menschen und zu Gott hat sich die naturwissenschaftliche Haltung des Vorstellens oder der Objektivierung ergeben. Diese Haltung hat aus der Sicht der Naturwissenschaft ihren Ursprung in der Daseinsstruktur des Menschen als eines In-der-Welt-Seins.

Der Mensch hat heute die Tendenz, nur das Was-Sein des Seienden für wichtig zu halten und das Dasein des Seienden außer Acht zu lassen, oder sich umgekehrt zu verhalten. Diese Tatsache entsteht, könnte man sagen, aus der Daseinsstruktur des Menschen, dass er aus dem Verhältnis von Endlichkeit und Unendlichkeit, Notwendigkeit und Möglichkeit, Zeitlichkeit und Ewigkeit, dem Zeitlichen und dem Räumlichen, Ursache und Folge oder Materie und Geist entsteht. Wenn jedes dieser polaren Gegensätze, die eigentlich die sich absolut widersprechende Selbstidentität (oder in der Selbstidentität der absolute Widerspruch) sein sollte, sich aber einseitig und tyrannisch verhält, dann wird die Denkweise des Menschen entweder objektiv, existential, onto-theologisch und sozusagen wissenschaftlich im Hegelschen Sinne, oder existentiell, ontisch, persönlich und unwissenschaftlich im Kierkegaardschen Sinne. In beiden extremen Fällen bekommt man den ganzen Aspekt der Welt und der wahren Realität nicht in den Blick.
Auf der einen Seite würden die Schäden, die die Naturwissenschaft Mensch und Natur zufügt, eliminiert werden. Wenn man aber umgekehrt philosophiert, würde man die Krise, die zur Ausrottung des Menschen führt, durch die Ignorierung der anderen Denkweise beschleunigen. Jedenfalls würden beide einseitigen Denkweisen früher oder später die Ausrottung des Menschen zur Folge haben.

Im Feld des Ursprungs

Wir müssen also im Feld des Ursprungs vor dem Unterschied zwischen den obengenannten zwei Denkweisen, d. h. in der wahren Realität zu leben versuchen. Weil wir in der Zeit der Vorherrschaft der Naturwissenschaft leben, müssen wir zuerst zum Feld des Ursprungs wiedergeboren werden, das den Unterschied zwischen der onto-theologischen und der existentiell-personalen Denkweise hervorgebracht hat. Nur so können wir die Probleme, die die Naturwissenschaft aufwirft, ernsthaft lösen und in der wahren Realität leben.
Wo aber finden wir das Feld des Ursprungs vor dem Unterschied zwischen der einseitig onto-theologischen Denkweise und der einseitig existentiell personalen Denkweise, in dem das wahre Selbst entstehen kann?
Einen solchen Ort, wo das wahre Selbst entstehen kann, können wir im Gleichnis vom „Sohn des reichen Mannes" finden. Um dieses Gleichnis zu verstehen, müssen wir die Beziehung zwischen dem wahren Selbst und

dem Feld erklären, dass die sich widersprechende onto-theo-logische und existentiell-personale Denkweise hervorbringt und deswegen das Feld des Ursprungs der beiden Denkweisen ist. Das, bedeutet, dass man die Grenze der bloßen Vernunft überschreitet und vor Gott zum Nichts der Gottheit im Eckhartschen Sinne durchbricht bzw. von der gegensätzlichen Dimension von Sein und Nichts zur absoluten (unendlichen) Offenheit (oder zum absoluten Nichts) im Sinne des Zen durchbricht. Dieser Durchbruch bedeutet im wahrsten Sinne zum wahren Selbst zu werden, oder – anders gesagt – im oben genannten ursprünglichen Feld zu leben und zum wahren Selbst zu werden.
Von hier aus können wir „das Gleichnis des Sohnes des reichen Mannes" genauer verstehen. Normalerweise benutzt man in Japan die Geschichte vom „Ochs und seinem Hirten"[7], um das das wahre Selbst zu verstehen. Wir gehen daher kurz auf die Geschichte vom „Ochs und seinem Hirten" ein.

Der Ochs und sein Hirte

In der Geschichte geht es um einen Prozess der Praxis, in der der Mensch zum echten Selbst wird. Dabei wird er kalligraphisch durch einen Ochsen und einen Jungen als seinen Hirten dargestellt. Der Junge strebt im Prozess des Selbstgewahren nach der Wahrheit, die in Wirklichkeit das wahre Selbst ist, zu dem er werden soll. Der Prozess, in dem der Junge die Realität objektiv außerhalb seiner selbst sucht, eröffnet ihm Schritt für Schritt das wahre Selbst innerhalb seiner selbst. Das geschieht in zehn Bildern, in denen der Junge selbst Schritt für Schritt offen wird für den Ochsen, der in Wirklichkeit das wahre Selbst ist.
Die Geschichte schildert, wie wir mit dem Leben religiöser Übung beginnen und in der wahren Realität leben wollen. In den Bildern 1 bis 6 sucht der Junge den Ochsen als Wahrheit immer außerhalb seiner selbst. Doch im 7. Bild ist der Ochs als Wahrheit nicht nur außerhalb seiner selbst, sondern die Wahrheit ist gleichsam das Selbst, das wahre Selbst, zu dem der Junge am Ende selbst werden soll. Im 8. Bild gibt es weder den Menschen noch den Ochsen noch die Natur, sondern nur einen leeren Kreis, der zeigt, dass alle Dinge das Leere (also ohne Substanz) sind. Im 9. Bild gibt es nur

[7] Vgl. Der Ochs und sein Hirte, übersetzt von K. Tsujimura und H. Buchner. Pfullingen 1981; Der Ochs und sein Hirte, erklärt von Z. Shibayama, Sogen Verlag 1975, auch die Ausgabe von Sh. Ueda und S. Yanagida, Tokyo 1982

die Natur, und im 10. Bild führt ein alter Mann ein Gespräch mit dem Jungen. Die Natur steht in schönster Blüte, und Vögelchen zwitschern.
Der einzige Unterschied zwischen dem ersten und dem zehnten Bild besteht darin, dass am Anfang ein Junge und am Ende ein alter Mann auftritt.

Der arme Sohn des reichen Mannes

Nun können wir das christliche Gleichnis Lk 15,11-32, das ich als Phänomenologie des Selbst im Christentum verstehen möchte, mit der Geschichte vom „Ochs und seinem Hirten" vergleichen.
Wenn wir die Richtung der Bilder 1-7 im „Ochs und seinem Hirten", wo der Mensch von ganzem Herzen nach der Wahrheit als dem wahren Selbst in seiner Verinnerlichung und Subjektivierung sucht, als vertikale Richtung bezeichnen und die Richtung der Bekehrung im Gleichnis des verlorenen Sohnes, wo er in die entgegengesetzte Situation, nämlich wegen der Erbsünde in die Lust gerät, obwohl er zum wahren Selbst gelangen will, als horizontale Dimension bezeichnen, scheint das Gleichnis vom armen Sohn des reichen Mannes[8] klar zu zeigen, dass der Prozess den Menschen zum wahren Selbst sich in der Vereinigung der vertikalen und der horizontalen Richtung vollzieht.
Das Gleichnis vom armen Sohn eines reichen Mannes erinnert mich aber auch an eine Predigt Buddhas an den ältesten seiner Schüler, Mahā-Kashyapa. Eines Tages verlässt der Sohn das Haus seines Vaters und wandert von einem Land zum andern, etwa 50 Jahre lang, um Nahrung und Kleidung und seinen Lebensunterhalt zu verdienen. Eines Tages kommt er endlich in ein Land, in das sein Vater zwischenzeitlich umgezogen ist. Er besitzt inzwischen viele Schätze, viele Arten von Getreide und viel Geld, er hat viele Speicher und ist der Besitzer von Gold, Silber, Edelsteinen, Perlen und vielen Kleinodien. Er hat viele Hausdiener, viele Tiere und Fahrzeuge. Er ist ein Mann von Vermögen und ein erfolgreicher Unternehmer.
Dieser Vater denkt aber immer an seinen Sohn, der verschollen ist und seinem Vater keine Nachricht schickt. Er wünscht, seinem Sohn alles, was er hat, zu vererben. Eines Tages sieht der Sohn einen Mann, der in Wirklichkeit sein Vater ist, erkennt ihn aber nicht. Der Mann sitzt würdevoll am Tor seines großen Hauses, wo viele seiner Diener um ihn herumsitzen. Der

[8] Vgl. dazu den Vergleich von „Der arme Sohn eines reichen Mannes" in Shingehon von Myōhōrenge-kyō in Daijo-butten Bd. 4 (Hokekyō I). Tokyo.

Sohn sieht, dass der Mann der Hausherr eines großen Hauses ist, und wird von Furcht ergriffen, weil er glaubt, dieser Mann sei entweder König oder Minister und könne ihn zwingen zu arbeiten. Es könnte zu einem Unfall kommen, er könnte über ihn herfallen. Der Sohn könnte sich seinen Unterhalt viel leichter in einer kleinen Gasse mit armen Leuten verdienen als im großen Haus dieses Mannes.

Andererseits bemerkt der Vater sofort, dass der Mann in der Ferne sein Sohn ist. Er lässt seinen Diener seinen Sohn zu ihm bringen, ohne ihm zu sagen, dass er sein Vater ist. Der Sohn leistet dem Diener heftigen Widerstand, da er im Hausherrn nicht seinen Vater erkennt. Da der Vater aber weiß, dass das Herz seines Sohnes verdorben ist und deshalb Furcht vor der Macht hat, spricht der Vater dem Sohn nicht zu, sondern entwirft einen Plan, indem er seinem Sohn sein ganzes Vermögen mit Hilfe eines Kunstgriffs vererben möchte.

Der Vater sagt niemandem, dass der Mann sein Sohn sei, sondern lässt ihm mitteilen, dass er in seiner Stadt arbeiten dürfe, wo er wolle. Der Sohn entschließt sich, in einer kleinen Gasse zu arbeiten, wo die armen Leute wohnen. Danach lässt der Vater mit Hilfe eines weiteren Kunstgriffs seine zwei Hausdiener, die schlecht aussehen und eher kraftlos sind, kommen und mit seinem Sohn die Toiletten reinigen; er bezahlt ihnen einen doppelten Tagelohn.

Der Vater sieht seinen Sohn täglich durch ein Loch und ein Fenster, wie er die Toiletten reinigt, später kleidet er sich selbst in schmutzige Kleider und macht seinen eigenen Körper schlammig. So nähert er sich seinem Sohn, er spricht ihn an, intim wie ein Vater seinen Sohn. Er sagt ihm, als armer Mann solle er vom Hausherrn alles fordern, was er nötig habe. Er solle den Hausherrn für seinen Vater halten. Und er fügt hinzu, dass er als armer Mann niemanden betrüge, niemals Unrecht tue, weder untreu noch hochmutig noch heuchlerisch sei, dass er in all diese Punkten ganz anders sei als andere Diener und dass er als reicher Mann ihn deswegen für seinen eigenen Sohn halte. In dieser Situation nennt der Hausherr den armen Mann seinen Sohn, und dieser beginnt den Hausherrn für seinen Vater zu halten.

Der Hausherr verbringt so ruhig 20 Jahre, in denen er das Vertrauen seines Sohnes gewinnt, obwohl er in seinem Herzen immer nach der Liebe seines Sohnes verlangt. Der Sohn gewöhnt sich daran, im Haus seines Vaters ein- und auszugehen. Er wohnt aber noch in seinem Haus aus Stroh.

Zu dieser Zeit wird der Hausherr krank. Er bittet deswegen den armen Mann, sein ganzes Vermögen zu verwalten. Dieser hat keinen Wunsch, etwas davon zu bekommen, und wohnt weiter in seinem verfallenen Haus aus Stroh und denkt dauernd, dass er arm sei. Der Vater weiß nun, dass sein Sohn ein reifer Verwalter seines Vermögens ist, dass sein Herz voll ausgebildet ist und er unendliche Gedanken hegt. Er würde seinen Sohn in Verlegenheit bringen, er würde sich schämen und ekeln, wenn er sich an eine frühere Armut erinnere.

Vor seinem Tod gesteht der Vater deswegen vor allen Leuten, dass dieser arme Mann in Wirklichkeit sein eigener Sohn, sein wahres Kind sei. Das erstaunte den armen Mann, und er hatte ein beispielloses Herz.

Im Gleichnis vom Sohn des reichen Mannes ist klar gesagt, dass der Mensch die Tendenz hat, dem Niedrigen Vertrauen zu schenken in der Seelenwanderung (Sanskrit *saṃsāra*), dass der Buddha den Menschen zuerst über die vielen niedrigen Dinge wie die Müllkästen oder Toiletten nachdenken lässt. Erst danach bringt er die Menschen durch einen Kunstgriff (Sanskrit *upaya*) zum *nirvāṇa*, indem er sie daran erinnert, dass die Weisheit (Sanskrit *prajñā*) von *tathagata* = der in der Wahrheit Angekommene, *tatha-agata* = der von der Wahrheit Gekommene, kommt.

Kurzum bedeutet dieses Gleichnis: Wir Menschen können nicht wünschen, in der wahren Weisheit zu leben, den Schatz (d. h. der Weise der Weisen zu sein) zu erben, den wir nicht wünschen, wenn wir nicht danach streben, über ihn nicht nachdenken und ihn nicht für das Ziel unseres Lebens halten.

Vertikal und horizontal

Was ich in Bezug auf dieses Gleichnis betonen möchte, ist, wie oben angedeutet, dieses: Das Gleichnis ist in die beiden Richtungen von „Der Ochs und sein Hirte“ und vom „Verlorenen Sohn“ zu bedenken, in die individuelle, asketische, onto-theo-logische vertikale und in die existentiell-personale, durch das Sündenbewusstsein geleitete, gesellschaftliche, horizontale Richtung. Meines Erachtens kommt im Gleichnis des armen Sohnes besser als in den anderen zwei Gleichnissen die Beziehung zwischen dem Menschen, in dem das Individuum (der arme Mann als Sohn) ohne Verhältnis zum „Transzendenten“ nur egozentrisch als ein Mitglied der Gesellschaft sein eigenes Leben materiell reicher machen will, und der Seite desjenigen, wo das „Transzendente“ (der reiche Mann als Vater) immer auf den egozentrischen, nur horizontal leben wollenden Menschen, einwirkt, zum Ausdruck. Buddhistisch ist die Rede von *pratītyasamutpāda*; dem Entstehen in Abhängigkeit, das im Selbst zum Tragen kommt.

Dabei können wir verstehen, dass das Problem der Erörterung des wahren Selbst nur in der engen Beziehung der individuell-religiös-vertikalen Seite des Menschen zur gesellschaftlich-horizontalen Seite (die in jeder Epoche ihre je eigenen Probleme hervorbringt und in der Gegenwart durch die Naturwissenschaft geprägt ist) richtig entfaltet wird. In der Gegenwart geht es vor allem um das Verhältnis von Religion und Naturwissenschaft. Denn was in uns wirkt und die Schwerter kreuzt, ist in ihrer Horizontalität die Naturwissenschaft.

Zur Religion habe ich eingangs gesagt, dass die Gegenwart eine Epoche sei, in der es keine Religion mehr gibt oder wo man glaubt, keine Religion mehr zu benötigen. In Wirklichkeit bedeutet es jedoch, dass die gegenwärtige Jugend weithin dekadent, nihilistisch und hedonistisch lebt und sich in ihrer Langeweile zerstreut. In einem solchen Leben braucht man keine Religion mehr.

Doch der Mensch kann sich eigentlich gar nicht in sich selbst einschließen. Nur wo er sich der transzendentalen, vertikalen Dimension öffnet, kann er als ganzer Mensch die wahre Wirklichkeit erfahren. Denn nur in der Kreuzung von horizontaler und vertikaler Dimension kann der Mensch als ganzer Mensch leben, weil er aus den oben genannten zwei gegensätzlichen Teilen besteht und deswegen nur in der Dimension der wahren Integration beider bzw. im Ursprung beider als ganzer Mensch leben kann. Damit komme ich zum Hauptpunkt meiner Vorlesung, dem Verhältnis von Religion und Naturwissenschaft, die uns in unserer naturwissenschaftlichen Epoche zur wahren Erkenntnis der wahren Wirklichkeit führt.

Die Welt der wahren Realität

Die Begegnung der Religion mit der Naturwissenschaft erweist sich als die der Beziehung der wahren Realität in der Religion, mit der in der Naturwissenschaft erreichten Realität, wenn wir sagen können, dass die wahre Realität in der Religion „eine Tatsache im Herzen" (K. Nishida) ist, „das reale Selbstgewahren der Realität" (K. Nishitani) oder die seelische Erfahrung der absolut offenen Offenheit. Wo diese Definitionen entfallen, ist die dann erreichte Realität weder ganz und selbstverneinend, sondern partiell, relativ und mehr oder weniger intellektuell im Verhältnis zur religiösen Realität.

Einerseits können wir nicht sagen, die Realität in der Religion sei niemals mit der in der Naturwissenschaft erreichten Realität eins. Ich denke vielmehr, dass gerade die Naturwissenschaft selbst einen Weg zur unendlichen, absoluten Offenheit eröffnen kann. Das ergibt sich für mich schon

aus der Notwendigkeit des Postulats der Integration von Gott (oder dem absoluten Nichts), Natur und Menschen, wie es die Quantentheorie, der Begriff der „Subjektivität" im „Gestaltkreis" von Viktor von Weizsäcker, der Begriff „actual entity" bei Whitehead oder „the divine Pleroma" bei Teilhard de Chardin zeigen. Darauf möchte ich hier nicht weiter eingehen. Ich komme aber nicht umhin anzudeuten, dass das Problem der horizontalen Dimension sich letztlich doch auf die vertikale Dimension bezieht und mit ihr verschränkt ist.
Andererseits wissen wir aber in der Gegenwart, dass der Widerspruch der Realität in der Religion mit der durch die Naturwissenschaft erreichten Realität extreme Spannungen in verschiedenen Gebieten, in Medizin, Biophysik, Biochemie, Ökologie, Ethik u.a. zeigen. In diesem Sinne müssen wir darüber nachzudenken, wie die durch die naturwissenschaftlich erreichte Realität in die religiöse Realität hineinreicht.
Die naturwissenschaftlich erreichte Realität sollte sich eigentlich mit der religiösen Realität kreuzen. Beide Realitäten sollten nicht nur eine wahre Integration erreichen, sondern auch in der unendlichen absoluten Offenheit als eine neue grund-lose Dimension, eine neue dynamisch integrierte Realität im Feld des absoluten Nichts kreativ wirken. Tatsächlich stehen sich aber in der Gegenwart Religion und Naturwissenschaft eher indifferent gegenüber. Das Verhältnis zwischen Religion und Naturwissenschaft könnte aber auf zwei Weisen gedacht werden:

1. Das Selbstgewahren der Naturwissenschaft könnte, wie der japanische Philosoph Tanabe vorschlägt, von der religiösen Realität ausgehen. Das könnte mit Hilfe des absolut negativen subjektiven Selbstgewahrens der sich selbst verneinenden Bewegung der Wissenschaft und Philosophie geschehen[9].
2. Als Folge des ersten Ansatzes könnte es zur Wiedergeburt der reinen Vernunft kommen, wobei Wissenschaft und Philosophie sowohl horizontal als auch vertikal zum Anfang, zur wahren Realität zurückkehren.

Normalerweise denkt man nur auf die erste Weise. Doch auch die zweite Weise, der Durchbruch von Seiten der horizontalen Dimension ist möglich. Das ließe sich an der in Europa entwickelten Quantentheorie, aber an der von Tanabe entwickelten Philosophie, die er *„Metanoetics"* nennt, aufzeigen.

[9]Vgl. Gesammelte Werke von H. Tanabe, Bd. 4, Tokyo 1963, S. 213.

Wir müssen einerseits beachten, dass die Wissenschaft endlos fortschreitet, weil wir Menschen das Verlangen nach mehr Wissen nicht unterdrücken können, solange wir leben. Sowohl Sokrates' Verständnis von *eros* als auch die alttestamentliche Geschichte von Adam und Eva und ihrem Essen vom Baum der Unterscheidung von Gut und Böse bestätigen das. Andererseits müssen wir die Tatsache verstehen, dass wir Menschen nur wahrhaft frei leben, wenn wir in der wahren religiösen Integration leben, wo das Transzendente, die Welt (Natur) und der Mensch eins sind. Andernfalls geraten wir in den Nihilismus, in dem wir keinen Sinn und Zweck des Lebens finden. In diesem Sinn ist die wahre Auseinandersetzung zwischen der religiösen, vertikalen Dimension und der gesellschaftlichen, das subjektive Individuum nicht berücksichtigenden horizontalen Dimensionen unbedingt nötig.

Im ersten Fall der Beziehung der Naturwissenschaft zur Religion durch das Selbstgewahren der religiösen Realität des Naturwissenschaftlers muss dieser selbst als armer Sohn eines reichen Mannes wie im erzählten Gleichnis die wahre religiöse Realität erreichen, indem er das ganze Vermögen seines Vaters, d. h. nicht nur die religiöse Realität, sondern auch die durch die Naturwissenschaft erreichte Realität verwaltet. Natürlich braucht er dabei viel Hilfe auch von den anderen wissenschaftlichen Bereichen.

Im zweiten Fall kreuzen sich die horizontale Richtung als Wissenschaft und traditionelle europäische Philosophie (Onto-theo-logie) und die vertikale Richtung als subjektive, innerliche, am Ende absolut sich selbst verneinende Seite des Menschen in verschiedenen Dimensionen oder Orten. Im Christentum wird man dieser Kreuzung von vertikalen und horizontalen Dimension im Sündenbewusstsein gewahr. In Philosophie und Wissenschaft ergeben sich Tod und Auferstehung der Vernunft des Menschen (sozusagen die *metanoia*[10]) aus der Reflexion und absoluten Selbstverneinung der Philosophie und Wissenschaft. Dabei scheint die Erziehung in der Gesellschaft eine wichtige Rolle zu spielen. Sie wird im Staat, im Volk und auf allen Gebieten der Wissenschaft ausgebildet. Die verschiedenen Institutionen behandelt Tanabe in seiner „Logik der Spezies"[11].

---

[10] Metanoia wird hier verstanden als absolute Selbstverneinung bzw. als die Kehre der Philosophie im Sinne H. Tanabes.

[11] Die Logik der absoluten Vermittlung bei Tanabe betrifft diejenige der Staaten: Ich möchte sie aber sozusagen als horizontale Logik in Beziehung setzen zur vertikalen Logik des Feldes des absoluten Nichts, auf das sich alle in der horizontalen Dimension entstehenden Wissenschaften anwenden lassen. D. h. sie lassen sich nicht nur anwenden, sondern sind für die Erörterung der wahren Realität notwendig.

Wenn Wissenschaft und Religion die Schwerter kreuzen, kommt es durch die Vermittlung des Sündenbewusstseins oder der Logik der Spezies zu Tod und Auferstehung des Individuums als Selbstbestimmung des absoluten Nichts und als Integration der diskontinuierlichen Kontinuität zwischen horizontaler und vertikaler Dimension.
Den ersten Weg können wir im Christentum, in Europa und in der Philosophie Tanabes beobachten, den zweiten Weg in der Prozess-Theologie von Whitehead und noch gründlicher in der Philosophie Nishidas und Nishitanis. Die beiden zuletzt genannten japanischen Philosophen sehen die Beziehung der Religion zur Wissenschaft auf „dem Feld des absoluten Nichts", in der Kreuzung von horizontaler und vertikaler Dimension, in diesem Sinne grund-los und kreativ. Anders als in der Kreuzung der Dimensionen wie beim Sündenbewusstsein und der Logik der Spezies als der Vermittlung von Annäherung und Integration von horizontaler und vertikaler Dimension oder bei der Reinigung der Toilette im Gleichnis des Sohnes eines reichen Mannes ereignet sich diese Kreuzung auf dem Feld der Freiheit von Mensch und Welt (Natur).
In der Philosophie Nishidas zeigt sich ein solcher Ort als Ort der Freiheit als derjenige, in dem die sich widersprechende Selbstidentität zwischen *tathata* (Wahrheit) und ihrem Phänomen, ausgehend von dem tätigen Selbst. In der Philosophie Nishitanis ist die Kreuzung offen als das Feld des Selbstseins (japanisch *jitai'*) oder dharmahafter Natürlichkeit (jap. *jinenhoni*), in dem man keine Vermittlung der horizontalen Dimension mehr braucht, sondern in dem es um die sich selbst gewahrende Bestimmung des absoluten Nichts geht. Im Ort des Selbstseins oder der dharmahaften Natürlichkeit entstehen folgende Begriffe des *Genjo-Kōan* aus Dōgens *Shōbōgenzō*:

> „Den Weg (der Aufklärung oder Buddhas) zu lernen heißt das Selbst zu lernen. Das Selbst zu lernen heißt das Selbst zu vergessen. Das Selbst zu vergessen heißt von allen Dingen aufgeklärt zu werden. Von allen Dingen aufgeklärt zu werden heißt die Schranken zwischen eigenem Selbst und anderem Selbst zu durchbrechen. Dabei gibt es keine Spur der Aufklärung, obwohl die Aufklärung selbst sich unendlich fortsetzt."[12]

[12] Vgl. Genjo-Kōan-no-maki, in Dōgen, Shōbōgenzō, dt.: Meister Dōgen, Shōbōgenzō. Die Schatzkammer des wahren Dharma-Auges. 4 Bände, Heidelberg-Leimen 2001–2008.

Im Feld des Selbstseins oder der dharmahaften Natürlichkeit ist die folgende Lebensklage der Soheit (jap. *nyo*) möglich:

> „Das Wasser ist durchsichtig, ein Fisch schwimmt so wie ein Fisch.
> Der Himmel ist breit und hoch,
> ein Vögelchen fliegt so wie ein Vögelchen."[13]

In diesem Ort entsteht die sich widersprechende Selbstidentität von Raum und Zeit, die auch in der Relativitätstheorie klar ist und im Verhältnis von Ursache und Wirkung und im Selbstgewahren wahrgenommen wird sowohl vom Selbst als auch von der Welt als selbstgewahrender Bestimmung des absoluten Nichts.

[13] Vgl. Zazen-shin-no-maki in Dōgen, Shōbōgenzō (Anm. 6).

Kapitel 3

Die Erfahrung des absoluten Nichts

Das Problem der Erfahrung des Nichts möchte ich unter dem Gesichtspunkt des absoluten Nichts behandeln. In einem Aufsatz von Prof. Heinz Robert Schlette handelt es sich dabei um die Erfahrung des Nichts durch den Marginalismus.

Ich möchte einen anderen Weg gehen, weil es zwei verschiedene Wege zur Erfahrung des Nichts gibt: Den Weg der religiösen Übung und den Weg des alltäglichen Lebens und der Wissenschaften. Ich beginne mit den verschiedenen Stufen des Nichts und erläutere es vom relativen Nichts durch das nihilistische Nichts bis zum absoluten Nichts. Dabei folge ich einem Wort Rinzais (chin. Linchi): „Auf dem Weg und zugleich nicht außerhalb des Hauses sein. Entfernt von dem Haus und zugleich nicht auf dem Weg".[14] Das Wort enthält auch das, was Schlette anspricht. Wenn ich meinerseits den ersten Weg der religiösen Übung den Weg in einer absoluten unendlichen Kugel nenne, könnte ich den zweiten Weg des alltäglichen Lebens und der Wissenschaften den Weg einer geraden Linie nennen. Er ist dem Weg zur Erfahrung des Nichts immanent, ständig präsent und vernunftgemäß. Dagegen ist der erste Weg der religiösen Übung gleichsam wie eine unendliche absolute Kugel, die überall ihr Zentrum hat und ihre Peripherie, so dass sie sich zugleich als die absolute unendliche Offenheit erweist.

Die zwei Wege sind, objektiv gesehen, ganz verschiedene Wege, aber unter dem Gesichtspunkt des absoluten Nichts sind sie absolut kontradiktorisch selbstidentisch. Das möchte ich mit den Worten Lin-chis erörtern.

Das relative Nichts und das nihilistische Nichts

Das Sein bedeutet innerhalb der traditionellen europäischen Metaphysik seit Aristoteles bis zu Hegel das Sein des Seienden im Gegensatz zum Sein selbst (nach der Terminologie Martin Heideggers). Das Sein des Seienden in der traditionellen europäischen Metaphysik wurde in diesem Sinne für das Wesen (lat. *essentia*) der Dinge bzw. die Substanz aller Dinge wie

---

[14] Vgl. R. Fuller-Sasaki, The Record of Lin-chi. The Institute for Zen Studies, Kyoto 1975, 5; auch: Das Zen von Meister Rinzai. Aus dem Englischen ins Deutsche übertragen von Sotetsu Yuzen, Leimen 1990, S. 27, Nr. 8.

Vernunft oder Logos gehalten. Wie Heidegger sagt, verschwindet das Seiende im Ganzen in der Langeweile, die plötzlich jeden von uns in der Grundstimmung der Angst überfällt. Dieses Nichts in der Langeweile können wir das „relative Nichts" nennen. Es zeigt sich in Augenblicken der Grundstimmung der Angst[15]. Ja, dieses Nichts ist offenbar in der Grundstimmung der Angst. Sein Wesen ist die Negativität. Das Da-sein entsteht immer mit dem relativen Nichts, weil es nur entsteht, indem Sein und relatives Nichts einander durchdringen.
Wie Heidegger sagt, ist das Nichts das Charakteristische im Dasein, weil das Da-sein nur vom Nichts durchdrungen entsteht. Doch das Nichts, in das das Da-sein hineingehalten ist, ist das relative Nichts. Mit dem philosophischen Selbstgewahren des relativen Nichts im Da-sein kommt es jedoch zum Zusammenbruch der traditionellen europäischen Metaphysik. Denn diese kann nur auf der Basis des Seins des Seienden entstehen. Das Selbstgewahren der Tatsache, dass das Da-sein nur im Hineingehaltensein ins Nichts, d. h. in das relative Nichts entstehen kann, verursacht den Zusammenbruch der traditionellen europäischen Metaphysik.
Im Sinne Lin-chis ist das Sein sozusagen das Haus, das unveränderlich, statisch, allgemeingültig und ewig besteht und als Erleuchtung niemals verschwindet. Das Selbstgewahren des relativen Nichts bedeutet demnach, dass für den Menschen klar wird, dass das Haus als die Erleuchtung nicht substanziell, sondern immer zusammen mit dem Weg der religiösen Übung entsteht und so kein substanzielles gegenständliches Haus und keinen statisch vom Haus getrennten Weg gibt.
Bevor man, den Gegensatz von Sein und relativem Nichts durchbrechend, im absoluten Nichts leben kann, erfährt man aber das nihilistische Nichts. Das heißt: Der Platz, den einst der christliche Gott oder philosophische Ideen wie *idea, ousia* oder *eidos* eingenommen haben, ist leer. Gott tot ist bzw. in den Worten Nietzsches: „Wir haben Gott getötet." Folglich hat die traditionelle europäische Metaphysik als erste Philosophie ihre absolute Gültigkeit verloren. Man muss daher das als Wand zur absoluten unendlichen Offenheit im Wege stehende nihilistische Nichts zerbrechen, das die echte Freiheit des Menschen zerstört. Nach Lin-chis Worten ist das nihilistische Nichts weder das Haus als Erleuchtung noch der Weg als religiöse Übung, wenn man annimmt, dass alles in der Welt im Grunde *nihil* ist.
Wenn das Selbst des Menschen des nihilistischen Nihil oder des nihilistischen Nichts gewahr wird, d. h. nur den leeren Platz sieht, den einst der persönliche, platonisch-christliche oder „onto-theo-logische" Gott

---

[15] Vgl. M. Heidegger, Was ist Metaphysik? Frankfurt 1951, 31.

einnahm, endet das Selbst des Menschen im Nihilismus: Sein Leben hat kein Ziel und keine Bedeutung mehr. Man lebt vergebens. Nach dem Wort Lin-chis verliert das Selbst beides: sowohl das Haus als auch den Weg. Im Nihilismus erfährt man nach Nietzsche das nihilistische Nichts sozusagen als eine Wand, die zwischen dem relativen Nichts und der absoluten unendlichen Offenheit steht. Wenn man das absolute Nichts erfahren und zum wahren Selbst durchbrechen will, muss man diese Wand des nihilistischen Nichts durchbrechen. Sie muss zusammenfallen, indem man den „großen Tod" stirbt und des eigentlichen Selbst gewahr wird, – dem Selbst, wie es ist und wie es sein soll.

Das relative Nichts und das absolute Nichts

Das absolute Nichts ist der grund-lose Grund von Sein und relativem Nichts. Das bedeutet nicht, dass es in der Welt absolutes Nichts gibt, sondern dass die Welt so entsteht, dass es überall in der Welt wie eine absolute unendliche Kugel existiert, die überall ihr absolutes Zentrum hat. Wenn man die Polarität von Sein und relativem Nichts durchbrechen und in der Dimension des absoluten Nichts leben möchte, muss man zuerst das nihilistische Nichts überwinden, indem man, christlich gesprochen, Angst und Verzweiflung im Glauben überwindet und, buddhistisch gesprochen, mit der ganzen Schöpfung eins und selbst zum Nichts wird. Wie gesagt, erfährt man das relative Nichts in der Langeweile, in der Grundstimmung der Angst, und das nihilistische Nichts im Selbstgewahren der Abwesenheit Gottes und in der Sinnlosigkeit und Zwecklosigkeit des Lebens.

In der Dimension des Seins des Seienden sieht man entweder das substantielle Haus oder den gegenständlichen Weg. Man ahnt hier nicht, dass das Haus immer mit dem Weg entsteht. Doch wenn man die Wand des nihilistischen Nichts durchbricht und im absoluten Nichts als der absoluten unendlichen Offenheit lebt, lebt man in der Einheit von Mensch, Natur und Transzendenz. Die Erfahrung dieser Einheit von Mensch, Natur und Transzendenz ist die Erfahrung des absoluten Nichts. Durch sie nimmt man das Selbst des wahren Selbst wahr, das mit der Schöpfung eins ist, wie auch im Zen-Buddhismus Himmel und Erde eins sind[16].

---

[16] Vgl. Seccho-iyuko (Zen no goroku 15), hg. von. Y. Iriya, S. Kajitani und Y. Seizen. Kyoto 1981, 118.

Im absoluten Nichts als der absoluten unendlichen Offenheit ist das Selbst substanzlos, weil es seine Selbstidentität nicht in sich selbst, sondern zugleich in der absoluten unendlichen Offenheit hat. Genauer gesagt ist das Selbst auf der einen Seite ein absolutes Zentrum in der absoluten unendlichen Kugel; in diesem Sinne hat es seine Identität in sich selbst. Auf der anderen Seite ist das Selbst Peripherie, weil jedes der Dinge in der absoluten unendlichen Kugel zu jeder Zeit das absolute Zentrum ist. In diesem Sinne hat das Selbst seine Selbstidentität nicht in sich selbst, sondern in jedem aller Dinge. Diese beiden Seiten der Selbstidentität aller Dinge bedeuten, dass jedes Ding seine Selbstidentität im absoluten Nichts hat. In der absoluten unendlichen Offenheit, wo es keine Grenzen und Zwänge gibt, die das Zen unvermeidlich bestimmen, lebt das Selbst im Haus der religiösen Erweckung und zugleich auf dem Weg der religiösen Übung. Nach der Gegenstandslogik, dem Identitätsprinzip, dem Widerspruchsprinzip und dem Prinzip des ausgeschlossenen Dritten kann man natürlich nicht zugleich im Haus und auf dem Wege sein, sondern ist man entweder im Haus oder auf dem Weg. Doch in der absoluten unendlichen Offenheit, in der es keinen Rahmen gibt, nach dem man denken, leben und sterben muss, lebt man zu jeder Zeit zugleich im Haus und auf dem Weg.
Um dies zu verdeutlichen, verweise ich auf das Verhältnis von Haus und Weg bei Lin-chi im Vergleich zum biblischen Gleichnis vom verlorenen Sohn (Lk. 15,11-32). Nach dem Gleichnis vom „verlorenen Sohn" wollte der als verlorener Sohn bezeichnete Sohn nicht bei seinem Vater, bei Gott, bleiben, sondern außerhalb des Hauses seines Vaters leben. Er wollte mit dem Geld, das er von seinem Vater als Teil seines Erbes erhalten hatte, zum selbständigen Selbst werden. Doch nachdem er es verschwendet und alles verloren hatte, kehrte er zu seinem Vater zurück. Nach all seinen Erfahrungen auf dem Weg ist er wieder zu Hause, bei seinem Vater. Nur bei seinem Vater ist er zu Hause, außerhalb des Hauses seines Vaters ist er nur außerhalb. Der Sohn ist nicht zugleich bei seinem Vater und außerhalb des Hauses seines Vaters.
Anders als in dem im Horizont des Seins erzählten Gleichnis ist das Selbst in der absoluten unendlichen Offenheit zugleich im Haus und auf dem Weg. Das erleben wir im Gleichnis „des armen Sohnes eines reichen Mannes" im *Saddharma-pundarika-sūtra.* (jap. *Hoke-kyō*) (vgl. Kap. 1 dieses Buches). Eines Tages verlässt ein junger Mann das Haus seines Vaters und lebt in Not, von einer Stadt zur anderen wandernd. Nach 50 Jahren in Armut kommt er eines Tages zufällig in die Stadt, in der sein Vater inzwischen wohnt. Er ist in dieser Stadt ein großer Mann, der in vielen Gebieten

herrscht. Trotz der 50 Jahre der Trennung erkennt der Vater mit einem Blick seinen Sohn, als dieser aus der Ferne in seine Stadt kommt. Der Sohn erkennt den Vater erst bei dessen Tod, bei dem er von seinem Vater erfährt, dass er sein Sohn ist. Vorher denkt der Sohn nur, dass er ohne viel Mühe in irgendeiner Ecke von der Hand in den Mund leben könne, ohne von jenem großen Mann zur Arbeit gezwungen zu werden. Der Vater, der alle seine Güter nach seinem Tod dem Sohn vererben will, lässt ihn zu seinen Lebzeiten niedrige Arbeiten wie die Reinigung von Toiletten verrichten. 20 Jahre, nachdem er in die Stadt kam, ist der Vater bereit, ihm die Verwaltung der Güter zu überlassen. Erst beim Tod gesteht er vor allen Leuten die Wahrheit, und der Sohn begreift endlich, dass der reiche Mann sein Vater ist.

In diesem Gleichnis „vom armen Sohn des reichen Mannes", unter dessen Einfluss nach der Meinung von Hajime Nakamura das Gleichnis vom „verlorenen Sohn" im Lukasevangelium entstanden ist, lebt der arme Sohn des reichen Mannes nicht nur im Hause des Vaters als der Erleuchtung (jap. *satori*), sondern zugleich auf dem Weg als dem Leben der täglichen religiösen Übung. Bis zum Tod seines reichen Vaters wusste er nicht, dass jener sein Vater ist. Aber trotz seiner Unwissenheit kehrt er zum Haus seines Vaters zurück, um dort zu arbeiten. Wie dieses Gleichnis zeigt, ist das Selbst immer in der absoluten unendlichen Offenheit als dem Hause des Vaters, und doch weiß das Selbst vor seinem eigenen großen Tod nichts davon.

Der große Tod

Der große Tod bedeutet dabei, dass das egozentrische Ego es aufgibt, nur als das absolute Zentrum zu leben, sondern dass es zugleich als Peripherie der absoluten Kugel lebt, d. h. als eigentliches echtes Selbst. Während das Gleichnis vom verlorenen Sohn bei Lukas das Haus in der Dimension des Seins zeigt, wo ein ontologischer Gott uns Menschen rettet, zeigt das Gleichnis des armen Sohnes eines reichen Mannes, dass das Haus als Erleuchtung und der Weg als religiöse Übung sich immer aufeinander beziehen. Buddhistisch gedacht, ist jedes Selbst immer im Hause des Vaters. Nach dem Gleichnis des armen Sohnes eines reichen Mannes bedeuten die Güter des reichen Mannes die buddhistische Wahrheit, des wahren Selbst gewahr zu werden. Und der reiche Mann als Vater verkörpert die absolute unendliche Offenheit, die sich im Ursprung, d. h. im grundlosen Grund von Persönlichkeit und Unpersönlichkeit öffnet.

Der arme Sohn meint jeden von uns Menschen. Jeder von uns macht sozusagen die religiöse Übung im alltäglichen Leben. Die religiöse Übung ist alltägliches Leben. Wie Nishida sagt, ist die Religion eine Wirklichkeit in Seele und Geist und die Philosophie die Erörterung oder die Reflexion dieser Wirklichkeit. In diesem Sinne ist die religiöse Übung nicht nur religiöse Übung im engeren Sinne des Wortes, sondern das alltägliche Tun in der Einheit von Leib und Seele, Körper und Geist.

Dabei ist die Philosophie in der absoluten unendlichen Offenheit nicht nur die Erörterung der Tatsache des Einen, der Einheit von Menschen, Natur und Transzendenz im alltäglichen Leben, sondern das Leben selbst in der Dimension vor und nach der Philosophie als Wissenschaft, und zwar als Anfang.

Somit habe ich jetzt die Beziehungen zwischen Philosophie als Wissenschaft und den Dimensionen vor und nach der Philosophie als Wissenschaft zu erörtern. Dadurch klären sich die Beziehungen zur Philosophie der Dimension des Seins und des absoluten Nichts.

Die Dimension vor der Philosophie als Wissenschaft besteht in der Mystik in der Einheit von Ich und dem Absoluten vor jeder Reflexion, die Dimension nach der Philosophie im Zen in der Einheit von Natur, Mensch und dem Absoluten nach der Reflexion. Der Anfang der Philosophie aber ruht im grundlosen Grund der Philosophie als Prinzip und Anfang (*pincipium*), d. h. jeder Punkt einer absoluten Kugel, in der das absolute Zentrum überall ist, ist zugleich die Peripherie, was wir uns objektiv nicht vorstellen können, weil jeder von uns mitten darin steckt.

Seitdem die Philosophie als Wissenschaft, wie sie die traditionelle europäische Metaphysik von Aristoteles bis Hegel beherrschte, zerbrochen ist, muss es zu einer neuen Philosophie kommen. Der Grund als grundloser Grund dieser neuen Philosophie ist die Erfahrung der Einheit von Menschen, Natur und Transzendenz. Diese neue Philosophie schließt nicht nur die Philosophie als Wissenschaft im Hegelschen Sinne ein, sondern zugleich auch die Dimensionen vor und nach der Philosophie und ihren Ursprung (*archē*).

Der entscheidende Unterschied zwischen der Philosophie, die als Wissenschaft unter dem Gesichtspunkt des Subjekt-Objekt-Schemas steht und die Existenz und das Existenzielle ausschließt, und der Philosophie, die die Dimension nach und vor der Philosophie als Wissenschaft und den Anfang der wissenschaftlichen Philosophie in sich selbst einschließt, besteht darin, ob die Philosophie der „Ausdruck“ der eigenen Erfahrung des absoluten Nichts als der absoluten unendlichen Offenheit ist oder nicht. Ob eine

Philosophie das wirklich ist, hängt davon ab, ob sie zu dem durch den großen Tod verwirklichten Selbst gelangt oder nicht, anders gesagt: Ob das Selbst zum absoluten Nichts, d. h. nicht nur zum absoluten Zentrum der Welt, sondern auch zugleich zur Peripherie der Welt geworden ist oder nicht.

Diese Erfahrung der Einheit von Menschen, Natur und Transzendenz und des Selbst als des absoluten Nichts, also die Erweckung des echten Selbst als des absoluten Nichts hat auch Luther in seiner Erfahrung von Gott gemacht, als er als Christ der Knecht Gottes und aller Menschen war und zugleich der Herr aller Wesen mit Ausnahme Gottes.

Der einzige Unterschied zwischen der Erfahrung des absoluten Nichts und der des christlichen Gottes ergibt sich aus der Frage, ob Gott hier eine Ausnahme bildet oder nicht. Denn in der Erfahrung der absoluten unendlichen Offenheit wird Gott als absolutes unendliches Nichts erfahren. In solcher Erfahrung von Gott als absolutem Nichts ist das echte Selbst als absolutes Nichts das absolute Zentrum von allem einschließlich Gottes, und zugleich ist es die Peripherie. In diesem Sinne ist das Selbst in der Erfahrung von Gott als dem absoluten Nichts Knecht aller und zugleich Herr über alle, Gott eingeschlossen. Denn Gott als absolutes Nichts ist nicht nur persönlicher Gott, sondern zugleich grundloser Grund bzw. Ursprung von Persönlichkeit und Unpersönlichkeit. Gott als absolutes Nichts ist nicht nur der Gott des Christentums, sondern aller Religionen.

Wenn Gott derjenige ist, der in der absoluten unendlichen Offenheit erfahren wird, ist Gott nicht nur der, der jeden von uns mit dem Wort „Du" anruft, wie es in der Erzählung von Adam und Eva im Paradies beschrieben ist, sondern zugleich auch derjenige, der nicht nur jeden von uns zum absoluten Nichts macht, sondern er selbst ist das absolute Nichts, wie es im 2. Kapitel des Philipperbriefs heißt.

Umgekehrt muss das Selbst in der absoluten unendlichen Offenheit nicht nur das absolute Zentrum sein, das niemals in etwas anderes aufgelöst wird, sondern auch dasjenige, das zu jeder Zeit das absolute Nichts ist, indem es als Peripherie immer mit allem anderen in wechselseitig bestehender Abhängigkeit besteht. Wenn Gott und das Selbst, wie oben gesagt, in der absoluten unendlichen Offenheit selbstidentisch sind, indem beide voneinander abhängig und zugleich wechselseitig unabhängig und selbstständig sind und so das Eine sich niemals im Anderen auflöst und beides nur in wechselseitiger Bestimmung besteht, sind Gott und Selbst substanzlos.

In der absoluten unendlichen Offenheit ist das Selbst im Hause und zugleich auf dem Weg, weil das Selbst im Grunde mit dem absoluten Nichts als Gott selbstidentisch ist. Wenn das der Fall ist, ist das Selbst gleichzeitig absolutes Nichts, d. h. das absolute Zentrum des Alls und Peripherie. In diesem Sinne kann das Selbst in der absoluten unendlichen Offenheit immer im Hause und zugleich auf dem Weg sein, weil das Haus sozusagen das absolute Zentrum der absoluten unendlichen Kugel ist und der Weg die Peripherie.

Andererseits kann das Selbst in der absoluten unendlichen Offenheit nicht nur weit entfernt vom Hause sein und zugleich nicht auf dem Weg, wenn es wirklich im Haus und zugleich auf dem Weg ist, weil das Selbst mit dem absoluten Nichts im Grunde identisch und deswegen überall und nirgendwo ist, wenn es wirklich in der absoluten Offenheit lebt.

Das absolute Sein und das absolute Nichts

Das absolute Nichts kann auch das absolute Sein sein. Doch das erste ist durch die absolute Negativität vermittelt, das letzte dagegen nicht. Das absolute Nichts transzendiert die Logik des Seins, indem es sie negativ vermittelt. Im absoluten Sein kann man nicht verstehen, dass das Selbst entfernt vom Haus und zugleich nicht auf dem Weg ist. Umgekehrt kann man im absoluten Sein leichter verstehen, dass das Selbst im Hause und zugleich auf dem Weg ist, als dass das Selbst weder im Haus noch auf dem Weg ist. Denn das absolute Sein scheint nur deswegen absolutes Sein sein zu können, weil es sich überall findet. Dagegen bedeutet das absolute Nichts die Bejahung als die Negation der Negation. In diesem Sinne ist das absolute Sein kein passender Ausdruck dafür, dass man entfernt vom Haus und nicht auf dem Weg ist. Wenn jeder von uns als das Selbst im Einzelnen durch die Abgeschiedenheit von den weltlichen Dingen zum absoluten Nichts, d. h. zum absoluten Zentrum und zugleich zur absoluten Peripherie der absoluten unendlichen Kugel wird, wird das absolute Nichts insofern offen, als das egozentrische Selbst verneint wird, stirbt und das echte substanzlose Selbst, das von Anfang an uns allen gegeben ist, dessen wir aber leider nur nicht gewahr werden, erweckt wird.

Es gibt zwei Wege zum echten Selbst, das nach Lin-chi sowohl im Haus als auch auf dem Weg ist aber auch weder im Hause ist noch auf dem Weg. Der eine Weg ist sozusagen der Weg auf Grund der religiösen Übung, in der das Selbst sich zuerst von den weltlichen Dingen löst und zum absoluten Nichts wird, indem es sich auf die Transzendenz als die absolute

unendliche Offenheit ohne Medium irgendeines Seienden, sondern allein in der Vermittlung des absoluten Nichts selbst direkt bezieht.
Diesen, ersten Weg möchte ich den vertikalen Weg nennen, weil er die Beziehung zum absoluten Nichts als der absoluten unendlichen Offenheit direkt und ohne Medium des Seienden bedeutet. Es ist der Weg Kitarō Nishidas (1870-1945)[17].
Der andere Weg ist der, den wir Menschen in den verschiedenen Wissenschaften und sonst im Leben gehen, wenn wir uns ernsthaft von ganzem Herzen nur mit einer Wissenschaft oder einem Gebiet des Lebens beschäftigen. Es ist der Weg Hajime Tanabes (1885-1962), Er war zuerst Mathematiker und studierte an einer höheren Schule und dann an der Kaiserlichen Universität Tōkyō Mathematik. Danach forschte er im Bereich der Physik, Naturphilosophie und der Philosophie der Wissenschaft. Dabei studierte er auch bei Kitarō Nishida. Durch ihn wurde Tanabe 1919 zum außerordentlichen Professor an die Kaiserliche Universität Kyōto berufen. Seit 1930 war er ein Kritiker der Philosophie Nishidas.
Ende des Zweiten Weltkriegs entwickelte Tanabe seine Philosophie als Metanoetik und kam damit auf seine Weise zum absoluten Nichts.[18] Seinen Weg von den verschiedenen Wissenschaften ohne direkte Beziehung zum absoluten Nichts als dem Transzendenten, möchte ich den horizontalen Weg nennen. Dieser Weg durch die verschiedenen Wissenschaften erreicht ohne direkten Bezug zum Transzendenten die absolute unendliche Offenheit, indem die Vernunft bzw. die Philosophie selbst innerhalb der wissenschaftlichen Philosophie auf dem Grund des Subjekt-Objekt-Schemas verbleibt und – ohne Beziehung zur Existenz - in einer Art „Kehre" – in der Terminologie Tanabes *„Metanoetik"* – stirbt und zur absoluten unendlichen Offenheit als dem echten Selbst erwacht.
Wenn die Erfahrung der absoluten unendlichen Offenheit als des absoluten Nichts sich für uns entweder auf dem ersten oder auf dem zweiten Weg eröffnet, muss das echte Selbst, das durch die Erfahrung des absoluten Nichts erweckt wird sich irgendwie in den Formen der Kunst, Literatur, Religion, Philosophie usw. ausdrücken.

---

[17] K. Nishidas Philosophie ist grundgelegt in der „reinen Erfahrung" als die Erfahrung der ursprünglichen Einheit, die später als das absolute Nichts bezeichnet wird. Vgl. dazu sein Hauptwerk: Über das Gute (japanisch 1911, übers. von P. Pörtner. Frankfurt 1990).
[18] Vgl. H. Tanabe, Philosophy as Metanoetics, übersetzt von Y. Takeuchi, Berkeley – Los Angeles – London 1986.

Das absolute Nichts im Text

Wenn wir Philosophen oder Religionsphilosophen die Erfahrung des absoluten Nichts als der absoluten unendlichen Offenheit zum Ausdruck bringen wollen, weil sie sonst vergeht, müssen wir sie zur Sprache bringen, wird sie zum Text, so dass sich die Erfahrung des absoluten Nichts und damit das echte substanzlose Selbst offenbart. Mit dem Problem, wie die Erfahrung des absoluten Nichts oder der absoluten unendlichen Offenheit auszudrücken ist, hat sich Nishida in der späteren Hälfte seiner Philosophie befasst; es war dort sein zentrales Problem. Ausdrücken kann man die Erfahrung mit den Mitteln der eigenen traditionellen Kultur, der Musik, Malerei und, Literatur, der Religion und Philosophie.

So handelt es sich auch in diesem Aufsatz um die im Text gestaltete Erfahrung des absoluten Nichts. Wenn das Selbst die Erfahrung des absoluten Nichts, dessen es gewahr wurde, im Text ausdrücken will, schreibt das Selbst diese Erfahrung ohne egozentrisches Ego nieder. Nach Nishida gibt es im alltäglichen Leben zwei Arten des Wirkens: um das eigene zweckhafte Wirken und das ausdrücklich gestaltete Wirken. Doch kann man die Erfahrung des absoluten Nichts allein mit dem im Ausdruck gestalteten Wirken zum Ausdruck bringen Denn die Erfahrung des absoluten Nichts kann nur ohne egozentrisches Ego, ohne eigenen Zweck und ohne eigenen Willen ausgedrückt werden, weil sie sich nicht auf ein eigenes Ego, einen eigenen Zweck und einen eigenen Willen eines jeden Menschen bezieht, sondern weil es im absoluten Nichts überall das absolute Zentrum und überall die Peripherie gibt.

In der absoluten unendlichen Offenheit (nach meiner Terminologie) ist, nach Lin-chis Worten sowohl das Haus als Erleuchtung als auch der Weg als die religiöse Übung im Selbst; gleichzeitig ist weder das Haus noch der Weg im Selbst. Umgekehrt objektiv gesagt, ist das Selbst in der absoluten unendlichen Offenheit sowohl im Haus als Erleuchtung als auch auf dem Weg als religiöse Übung und gleichzeitig weder im Haus als Erleuchtung noch auf dem Weg als religiöse Übung. In diesem Sinne bezieht sich der Ausdruck der absoluten unendlichen Offenheit nicht auf den eigenen Zweck oder Willen, sondern er öffnet und zeigt das absolute Nichts im Sinne Nishidas. Der Leser des Textes, in dem die Erfahrung des absoluten Nichts ihren Ausdruck findet, kann also in diese geschriebene Erfahrung einbezogen werden. Das absolute Nichts zeigt sich gleichsam zwischen den Zeilen des Textes.

Wenn der Leser auch keine eigene Erfahrung des absoluten Nichts in seinem eigenen Leben macht, kann er sie doch im Text, in dem der wirklich erfahrene Ausdruck des absoluten Nichts sich befindet, machen, solange er nur ernst lebt. Wenn die Erfahrung des absoluten Nichts im Text ausgedrückt wird, kann der Leser ohne eigene Erfahrung in den Text einbezogen werden und zum Nichts im Text werden. Denn die Erfahrung des absoluten Nichts berührt die Saiten des Herzens des Lesers, insofern der Ausdruck der Erfahrung auf der Offenheit des absoluten Nichts beruht und die absolute unendliche Offenheit in den Zeilen des Textes offenbar wird.

Die Meisterwerke, wie die künstlerischen und die klassischen religiösen Werke genannt werden, öffnen die absolute unendliche Offenheit, d. h. das Feld des absoluten Nichts im Sinne Nishidas, im Text. Wenn man die klassischen Werke liest oder anschaut, gelangt man durch sie zur absoluten unendlichen Offenheit, in der sich der horizontale Weg und der vertikale Weg verschränken.

Man kann den vertikalen Weg wie die Zen-Übung gehen und durch diesen Weg zur absoluten Offenheit gelangen. Man kann aber die absolute unendliche Offenheit auch erreichen, wenn man sich ihr auf dem horizontalen Weg nähert, indem man sich um das Verstehen und die Interpretation des Textes bemüht.

Die Erfahrung des absoluten Nichts im Text

Wenn der Leser den Ausdruck der Erfahrung des absoluten Nichts im Text findet, kommt er der Erfahrung des absoluten Nichts insofern näher, als dieses – wie oben gesagt – die Saiten des Herzens des Lesers berührt. Der Mensch ist von Natur aus zuerst nicht der schaffende, sondern der geschaffene Mensch:

Wenn man sich selbst gewahr wird, ist das Selbst immer schon geschaffen; die Eltern sind bestimmt, die Zeit und der Staat, in denen man geboren ist. Trotzdem kann man durch das Lesen eines Textes und dessen Verstehen und Interpretation zu einem schaffenden Menschen werden. Wenn man mit dem Ausdruck der Erfahrung des absoluten Nichts eins wird und so zum absoluten Nichts, zum absoluten Zentrum und zugleich zur absoluten Peripherie, kann man, indem man des wahren Selbst gewahr wird, alle Grenzen und Beschränkungen überwinden und zum kreativ Schaffenden werden.

Wenn wir zum Beispiel die Werke Nishidas lesen, berührt sein Denken in der absoluten unendlichen Offenheit irgendwie die Saiten unseres Herzens. Wir bemerken, dass unser Herz beim Lesen seiner Werke rein und egolos und wir so zum absoluten Nichts werden. Wenn wir seine Werke lesen, kommen wir durch seinen Ausdruck der Erfahrung des absoluten Nichts seiner Erfahrung des absoluten Nichts immer näher und können am Ende damit eins werden.
Diese Erfahrung beim Lesen stellt sich nicht ein, wenn wir seine Werke nur lesen, um sie einfach kennen zu lernen. Für die Erfahrung des absoluten Nichts im Text muss man deswegen zuerst voraussetzen, dass die absolute unendliche Offenheit in dem betreffenden Text tatsächlich ausgedrückt ist. Ob solche Offenheit sich im Text eröffnet oder nicht, entscheidet darüber, ob der betreffende Text gut ist oder nicht. Ein guter Text unter dem Gesichtspunkt der Mitteilung der Erfahrung des absoluten Nichts berührt die Saiten des Herzens, weil das Herz selbst die absolute unendliche Offenheit als absolutes Nichts ist und ein guter Text im erwähnten Sinne nicht nur gegenständliche Kenntnisse vermittelt, sondern die Erfahrung der absoluten unendlichen Offenheit ausdrückt und eröffnet – unabhängig ob der Verfasser eines Textes sich selbst dessen bewusst war oder nicht.
Ginge es nur um die objektive Behandlung und Kenntnis eines Textes, müsste man anders damit umgehen, als ich es in dieser Überlegung tue.

Kapitel 4

Gott als Absolutes Nichts und das Nichts der Gottheit – bei Kitarō Nishida und Meister Eckhart

Professor Heinz Kimmerle schreibt, „Interkulturelle Dialoge können und sollen in den weltweiten Prozessen der Vereinheitlichung weiter bestehende Differenzen sichtbar machen." (SIP Bd. 15. S. 120). Mein Aufsatz für seine Festschrift ist ein Dialog zwischen Nishida und Eckhart. Es ist eine große Ehre für mich, wenn ich zwischen beiden nicht nur eine starke Einheit, sondern auch wichtige Differenzen erklären kann.
Europäische Kultur vom ersten Jahrhundert bis zu Hegel (1770-1831) ruhte, worauf viele Philosophen hinweisen, auf den beiden Stützen der platonischen Philosophie und des Christentums. Und demnach kam es in der Philosophie von Platon bis Hegel zum Konflikt mit dem Christentum, zu einer Verschmelzung mit diesem und dann zu einem Kompromiss und zur Harmonie mit ihm, da die Philosophie dem Christentum über lange Zeiträume hinweg, seit dem ersten nachchristlichen Jahrhundert begegnete. Das hatte zur Folge, dass die moderne Philosophie in Europa eine Philosophie ist, die sich in der allmählichen Verschmelzung des platonischen Idealismus mit dem christlichen Gott als universalem, unveränderlichem und absolutem Sein entwickelt hat. Während im Judentum, aus dem das Christentum entstand, ein hayatologischer Gott als dynamische Wirkung existiert, der in der Einheit von Werden und Ereignis wirkt, wie Th. Boman (1894-1978) sagte[19], ist Gott im Christentum ein ontologischer Gott, wobei das hebräische *„hayah"*, das Werden und Ereignis bedeutet, zum griechischen *„einai"* wird. Eingehend zu erörtern ist die Antwort Gottes: „Ich werde sein, der ich sein werde." (Mos. 3,14), als Moses fragte, wie Gott denn heiße. Das Verb „sein" in dieser Antwort Gottes bedeutet nicht das Sein des griechischen *„einai"*, sondern das dynamische Werden und Geschehnis des *„hayah"*. Doch als die hebräische Bibel ins Griechische (Septuaginta) übersetzt wurde, wurde aus dem jüdischen Gott des dynamischen

---

[19] Th. Boman, Das hebräische Denken im Vergleich mit dem griechischen. Göttingen 1968, 18-30.

Werdens und Geschehens der Gott des ewigen, universalen und unveränderlichen Seins, wie wir es in der absoluten Idee bei Platon finden.
Im langen Konflikt zwischen dem Christentum und der platonischen Theorie der Idee ist die europäische Philosophie in ihrer hauptströmigen Metaphysik zu einer Art Einheit oder Harmonie zwischen der substanziellen Idee und dem substanziellen Gott (oder dem Gott als substanzielle Idee) als das höchste Sein gelangt. Solch ein substanzieller Gott oder eine solche substanzielle Idee ist durch das Paradigma des absoluten Seins zu einem Rahmen des Denkens und des Feldes geworden. Dagegen hat Kitarō Nishida versucht, eine Philosophie zu erstellen, die auf „der Logik des Feldes des absoluten Nichts" gegründet ist.
Diese Logik des Feldes des absoluten Nichts bei Nishida – und er war der erste originale Philosoph Japans – beruht auf dem Fundament des Paradigmas des „absolutes Nichts". Dieses Paradigma, das Nishida vorschlägt, bedeutet die absolute Verneinung aller substanziellen Standpunkte. In der europäischen Philosophie von Platon bis zu Nietzsche betrifft es außer dem Paradigma des absoluten Seins auch noch drei andere Paradigmen, nämlich das relative Sein, das relative Nichts, und das Nihil (vgl. dazu das in Kap. 3 Gesagte).
Den Beweggrund dafür, dass die europäische Philosophie sich als hauptströmige Metaphysik auf das Paradigma des absoluten Seins gründete, verstehen wir so: Das Absolute bzw. die Idee verlangt danach, dass keinerlei Phänomene in dieser Welt sie ins Wanken bringen kann. Letzten Endes sind alle Phänomene dieser Welt aus ihrer Sicht relativ Seiendes, wohingegen das absolute Sein den Bodengrund für sie bildet. Wenn aber der Standpunkt des absoluten Seins als Einziges, Universales und Unveränderliches wegbricht, bedeutet dies, wie Nietzsche (1844-1900) gesagt hat: „Gott ist tot", und „wir haben Gott getötet", das Ego von Geburt an, welches auf dem Fundament des Paradigmas vom absoluten Sein, das etwa 2500 Jahre lang gültig war, zu denken suchte, ist gestorben. Nach dem Tode des Egos von Geburt an ist die Existenz erwacht. Die Existenz ist frei von der Geschlossenheit des Ego – geschlossen infolge seiner Sterblichkeit, wie die Etymologie des Wortes „Existenz" (= etymologisch: *ek-sistere*) klar macht. Diese Tatsache hat Martin Heidegger (1889-1976) aufgeklärt.
Das Ego auf dem Fundament des Paradigmas vom absoluten Sein verlangt nach dem Absoluten als ewigem, universalem und unveränderlichem Sein als die Gegenwärtigkeit des absoluten Seins im eigenen Ego. Dagegen wendet sich die Existenz mit dem Paradigma des relativen Nichts als der Rückseite des relativen Seins. Die Existenz zittert stets in Angst vor dem

relativen Nichts, und trotzdem lebt die Existenz nicht mehr in Selbstsucht, sondern sie ist frei davon. Diesen Standpunkt konnte Kierkegaard (1813-1855) vertreten. Als man aber die Existenz nicht mehr auf dem Grund des relativen Seins weiterdenken konnte aus Angst vor dem relativen Nichts als Angst, Verzweiflung oder Langeweile, wuchs die Lebensphilosophie, in der das Leben als der Ursprung der Substanz (*essentia*) und der Existenz (*exsistentia)* als Gegensatz zur Substanz bedacht wird. Das Paradigma in der Lebensphilosophie ist *Nihil*, wie wir es bei Nietzsche lesen.
Wie eingangs erwähnt, handelte es sich bei den Paradigmen um das Einrahmen des Denkens und dessen Feldes im relativen Sein, relativen Nichts, absoluten Sein und Nihil. Dagegen hat Nishida das Paradigma des „absoluten Nichts" entworfen, das alle oben genannten vier Paradigmen subsumieren und jeden Standpunkt jeden Paradigmas unterstützen kann, indem das absolute Nichts jeden Standpunkt jeden Paradigmas mit Liebe als *agapē* und Barmherzigkeit bestätigt.
In der Mystik des deutschen Mittelalters, vor allem bei Meister Eckhart (ca. 1260-1328) können wir Ähnliches wie in Nishidas absolutem Nichts finden. Bei Eckhart besteht Gott aus Gott und Gottheit, welche auch „das Nichts der Gottheit" genannt wird. Daher werden in diesem Aufsatz Gott, wie er in Nishidas Denken auftritt, sowie Gott und Gottheit bei Eckharts Mystik erörtert. Damit werden die Ähnlichkeiten und zugleich die Differenzen zwischen Gott bei Nishida und Meister Eckhart klar, und somit wird ein dem 21. Jahrhundert angemessene Gottesverständnis aufgezeigt.

Gott als absolutes Nichts im Denken Nishidas

Bei Nishida ist die Erfahrung in der Welt der Religion als der Welt vor der Philosophie ausgedrückt als „reine Erfahrung". Von der „reinen Erfahrung" heißt es in seinem Buch *Über das Gute*: „'Reine Erfahrung' bedeutet etwa zum Beispiel, dass wir in demjenigen Augenblick, in dem wir eine Farbe sehen oder einen Ton hören, weder überlegen, ob es sich um Einwirkungen äußerer Dinge handelt, noch ob ein Ich diese Dinge empfindet. Selbst das Urteil, was diese Farbe und dieser Ton eigentlich sind, ist auf dieser Stufe noch nicht gefällt. Somit sind *reine* und unmittelbare Erfahrung eins."[20] Die reine Erfahrung ist diejenige Erfahrung, in der erfahren wird, dass jedes

[20] K. Nishida, Sämtliche Werke. Tokyo,.Bd. 1, 9; ders., Über das Gute, übersetzt von P. Pörtner. Leipzig 1990, 28; weitere Zitate mit Seitenzahlen aus der japanischen Ausgabe (= J) und der deutschen (= D) Übersetzung im Text.

Ding des Universums gleich ist, so wie „Himmel und Erde derselben Wurzel entstammen." (J 156, D 176). Und zugleich ist das Selbst, das dieser Tatsache gewahr wird, das eigene Selbst jedes Menschen, der als das Zentrum dieses Universums von niemandem und durch kein Ding ersetzt werden kann, wie etwa „nur ich bin geehrt im Himmel und auf Erden"[21]. Die Erfahrung, dass das Selbst jedes Menschen und Dinges gleich ist, in dem es nur ein kleiner Punkt auf der Peripherie ist, die das Universum bildet, und zugleich das Zentrum des Universums ist, kann in Nishidas Philosophie nur in „dem Feld des absoluten Nichts" realisiert werden, wie dies später in seinem Aufsatz *Das Feld* (1926) klar wird. Das Feld des absoluten Nichts bei Nishida ist die Offenheit, in der alle Substanzialität und jeder substanzielle Standpunkt verneint werden. Diese Offenheit ist „unendlich", wenn sie ihrerseits auf der einen Seite von dem immanenten phänomenalen Standpunkt aus und auf der anderen Seite in der Offenheit selbst, in der transzendenten Dimension „absolut" ist in dem Sinne, dass alles Substanzielle verneint wird.

Während nun Gott in Nishidas erstem Hauptwerk, *Über das Gute* (1911) „absolutes Nichts" (J 99, D 176) und zugleich „die Einheit des Universums" (J 100, D 121) und „der Ursprung der Realität" (J 100, D 121) ist, ist Gott in seinem Aufsatz *Vom Handelnden zum Schauenden* (1926), als „das Feld des absoluten Nichts" verstanden. Weiterhin ist Gott nach seinem Aufsatz *Künstlerisches Werk als geschichtliche Gestaltungswirkung* (1941), im 10. Band der *Sämtlichen Werke*, als „absolutes Nichts" (S. 21. 241; auch Bd. 11, 119). verstanden. Schließlich ist Gott bei Nishida als „absoluter Gott" verstanden. Trotzdem ist Gott als absolutes Nichts bei ihm auf verschiedene Weise ausgedrückt: nämlich als „formlose Form" und „ewiger Spiegel" (Bd. 11, 119), irgendetwas, was in uns selbst als „ein seelisch-innerliches Faktum" erscheint, als „die absolute widersprüchliche Selbstidentität, die in sich die absolute Negation enthält" (J 405; D 233), als etwas, das in seiner absoluten Selbstnegation sich selbst erhalten und sehen kann (J 439; D 273), als das „absolute Eine" (J 480) und als das „absolute Leere" (Bd. 10, 241).

Nun kann Gott als absolutes Nichts bei Nishida, wie oben angemerkt, die zwischen platonischer und hegelianischer Philosophie auftretenden vier Paradigmen subsumieren, nämlich das relative Sein, das relative Nichts, das absolute Sein und das Nihil. Deswegen transzendiert Gott im Denken Nishidas den personalen und nicht-personalen Gott. Der Unterschied nämlich zwischen Personalität und Unpersonalität Gottes besteht nur auf dem

---

[21] Kegon-shu, Regel 40.

Grund der objektiven Logik. Im absoluten Nichts als absoluter Verneinung des Ego und des substanziellen Standpunktes, d. h. in dem standpunktlosen Standpunkt, verschwinden Unterschiede wie „gegenständlicher Dualismus" bezüglich des geistigen Wertes, oder Polaritäten wie das Persönliche und das Unpersönliche, das Eine und das Viele, Schönheit und Hässlichkeit, Heiligkeit und Weltlichkeit, Wahrheit und Unwahrheit.
Jedoch können wir nicht sagen, dass alle Dualitäten oder Polaritäten bei Nishida verschwunden sind. In der Dimension der objektiven Logik auf dem Grund des Subjekt-Objekt-Schemas bleiben alle Dualitäten und Polaritäten als solche bestehen, sie können Dualitäten und Polaritäten auf dem Grund der objektiven Denkweisen durch Liebe auch als *agapē* und Barmherzigkeit von der Seite des „absoluten Nichts" ursprünglich lebendig wiedergelebt werden. In Nishidas Denken wird jedes Gebiet wie etwa das ästhetische oder das ethische, der religiöse Bereich, der wissenschaftliche Bereich und der Bereich des Lebens vom Selbstgewahren des absoluten Nichts her verstanden.
Das Selbst-Gewahren bildet den Kern von Nishidas Denken. Es besteht im Selbst-Gewahren von Selbst und Welt. Während das individuelle Selbst und die Welt vom objektiven Standpunkt her absolut kontradiktorisch sind, weil beide vom objektiven Standpunkt her auf dem Grund der Subjekt-Objekt-Schemas getrennt gesehen werden, und beide ursprünglich Eins sind, da der Ursprung von beiden Eins ist, obwohl sie objektiv getrennt, also selbstständig sind. Diese Tatsache nennt Nishida „absolute kontradiktorische Selbst-Identität". Diese absolute kontradiktorische Selbst-Identität zwischen Selbst und Welt, Selbst-Gewahren und Welt-Gewahren taucht bei Nishida erst auf, nachdem er den Aufsatz *Vom Handelnden bis zum Schauenden* (1926, *Sämtliche Werke* Bd. 4) veröffentlicht hatte. Ganz konkret finden wir diese Identität in Band 6 der *Sämtlichen Werke* im Aufsatz *Ich und Du* (1932), wo es nicht nur das „Ich", sondern auch das „Du" als der „absolute Andere" erörtert wird. Seine Werke, von Band 1 bis zum letzten Aufsatz in Band 6, *Von der Philosophie des Lebens*, worin Geschichte und Leben erörtert werden, können deshalb als diejenigen Werke verstanden werden, die zu Nishidas Frühzeit; also zur Zeit vor seiner eigentlichen Philosophie zählen. Denn Nishidas eigentliche Philosophie beginnt mit dem „Selbst-Gewahren der Welt", in Bd. 10 S.: 471, 557, 559.
Nach Nishida ist das wahre Motiv der Philosophie nicht das Staunen, sondern die Trauer des Lebens. Den Grund dafür können wir uns folgendermaßen vorstellen: Im Staunen bleibt noch der Widerschein, der Schatten des Schemas Subjekt-Objekt. Doch in der Trauer des Lebens lebt das Selbst

jedes eigenen Menschen zusammen mit der Trauer. In der Trauer lebt man in den Schneckenwindungen der Trauer. Trauer als Motiv der Philosophie und die reine Erfahrung als religiöse Erfahrung sind bei Nishida das Grundthema seiner Philosophie. Die Keimzelle dieses Denkens kann man schon in seinem Aufsatz *Das Feld* (*Sämtliche Werke* Bd. 4) erkennen. Doch genau genommen, beginnt Nishidas Philosophie erst mit seinem Aufsatz *Das grundlegende Problem der Philosophie* im Band 7, wo die Welt das Thema seiner Erörterungen ist.

Hier nun müssen wir erneut auf das Problem Gottes zurückkommen. Gott wird seit Band 8 der *Sämtlichen Werke* in Verbindung mit dem „geschichtlichen Leben" erörtert. Ich verstehe Gott als „ursprüngliches Leben", heißt es dort. Gott in *Über das Gute* ist, wie oben schon angeführt, „absolutes Nichts" und die „Einheit des Universums". Einen solchen Gott nun können wir beim frühen Nishida als „ursprünglichen Gott" im Universum verstehen. Tatsächlich äußert sich Nishida folgendermaßen: „Wir sind Einzelwesen in der Welt des geschichtlichen Lebens, in welcher die absolute Negativität enthalten ist."

Das geschichtliche Leben wird gebildet, indem „die Welt selbst als Definition des Undefinierten definiert wird" (Bd. 8, 306): Denn bei Nishida entsteht das Leben als „Selbst-Identität des absoluten Kontradiktorischen" (Bd. 8, 300), und das wahre Leben arbeitet bildend funktionell als „Kontinuität der Nicht-Kontinuität" (Bd. 8, 302). Und als solches Leben, als sozusagen das Leben des Universums, kann Gott verstanden werden.

Im Leben wirkt alles als das Ganze dynamisch. Die Welt der geschichtlichen Realität, deren Kern das geschichtliche Leben ist und die Nishida am Ende erreicht hat, kann als Welt der Offenheit, als Gott selbst verstanden werden. Nach Nishida geht die Geschichte „von handelnder Anschauung zu handelnder Anschauung über"[22], und die handelnde Anschauung bedeutet „Dinge durch die Handlung zu sehen". (Bd. 8, 152). Dies „Dinge durch die Handlung zu sehen" bedeutet nun die „absolute Negation *sive* (= identisch mit) Bejahung, absolute Bejahung *sive* Negation". (Bd. 8, 153). Das heißt: Der in der geschichtlichen realen Welt Handelnde nimmt sozusagen als der sich selbst Ausdrückende, und in der Kontinuität des Nicht-Kontinuierlichen am Gestaltungswirken der Welt teil. Kurzum: Geschichte bildet sich bei Nishida an dem Punkt, an dem die teleologische Gestaltungswirkung eines jedes Individuums und die sich ausdrückende Gestaltungswirkung

[22] K. Nishida, Sämtliche Werke. Bd. 8, 373. Die handelnde Anschauung ist so zu verstehen, dass die reine Erfahrung sich spontan entwickelt als etwas spontan auf dem Feld des absoluten Nichts Gewordenes.

der Welt sich als das Eine verwickeln, so dass die Gestaltwirkungen absolut kontradiktorisch selbstidentisch sind.

Jedoch ist eine solche Gestaltungswirkung nur möglich, soweit die Welt der wirklichen Geschichte sich aus der Offenheit als Gott des absoluten Nichts realisiert, als die Welt der geschichtlichen Realität. Damit die wirkliche Welt als die reale Welt verstanden werden kann, muss in der wirklichen Welt „das Feld des absoluten Nichts" als absolute unendliche Offenheit geöffnet sein. Wie oben erwähnt, ist „das Feld des absoluten Nichts" in Nishidas Denken die Wirkung Gottes. Gott ist in Nishidas Philosophie „absolutes Nichts", das den substanziellen Standpunkt und die Substantivierung aller Dinge dynamisch absolut verneint, und zugleich die lebendige Offenheit selbst ist. Diese absolute unendliche Offenheit als „das Feld des absoluten Nichts" ist bei Nishida nichts Anderes als die Realität des „geschichtlichen Lebens" selbst, während die Welt der geschichtlichen Realität jene Welt ist, in der das Selbst jedes individuellen Menschen in „der Welt der geschichtlichen Realität"[23] als etwas gedacht wird, was „vom Grund der geschichtlichen Welt geboren wird" (Bd. 8, 139).

Gott ist also bei Nishida Gott als absolutes Nichts. Gleichzeitig kann er als Gott verstanden werden, der das geschichtliche Leben als Konkretisierung „des Feldes des absoluten Nichts" ermöglicht.

Das Nichts der Gottheit bei Meister Eckhart

Bei einer Erörterung von Gott und dem Nichts der Gottheit bei Meister Eckhart muss einiges im Voraus geklärt werden. Im Allgemeinen besagt der Begriff „Mystik", wie er in der deutschen Mystik des Mittelalters gebraucht wird, dass die transzendente Dimension direkt, d. h. ohne Vermittlung und Objektivierung auf dem Grund des Subjekt-Objekt-Schemas von jedem Individuum erfahren werden kann, ebenso wie der Begriff etymologisch vom Verb *„myein"* (= die Augen schließen)[24] her verstanden werden kann. Mystik gibt es nicht nur im Christentum, sondern auch im Judentum, im Islam und im Buddhismus, hier vor allem im esoterischen Buddhismus. Wir finden Mystik in den indischen Upanischaden, im Yoga usw.[25]. In meinem

---

[23] Die Welt der geschichtlichen Realität meint bei Nishida den Standpunkt, der sich aus der reinen Erfahrung spontan in seinem Werk Über das Gute ergibt; vgl. Sämtliche Werke. Bd. 1, 7.

[24] Greek-English Lexicon, compiled by Liddell & Scott, Oxford 1968, 1157.

[25] Vgl. dazu RGG3 Bd. 4, 960. 1237-1267; Sh: Ueda, Mystik, in I. Koguchi & I. Hori (Hg); Religionswissenschaftliches Wörterbuch. Tokyo 1973, 436-443; W: Hiromatsu / N. Koyasu / K. Mishima (ed.); Iwanami Philosophisches Lexikon. Tokyo 1998, 837-838.

Vortrag möchte ich aber über das Gottesverständnis Meister Eckharts sprechen. Im „Nichts der Gottheit" bei Eckhart und bei Gott als dem absoluten Nichts können wir weitreichende Zusammenklänge und Gemeinsamkeiten entdecken.

In der christlichen Mystik kann man, beispielsweise in der paulinischen Mystik (vgl. Gal 2,20) die Reinigung der Seele und die mystische Vereinigung (= *unio mystica)* als besondere Eigentümlichkeiten betrachten. Bei Eckhart werden die Reinigung der Seele als Abgeschiedenheit und die mystische Vereinigung als Geburt des Gottessohnes in die Seele erörtert. Sie führen zum Durchbruch der Seele zu Gott und gleichzeitig mittels des Durchbruchs zu Gott zur Seele. Auf diese beiden Punkte – die Abgeschiedenheit und die Geburt des Gottessohnes in die Seele –, die zum Durchbruch führen, möchte ich im Folgenden eingehen.

Die Abgeschiedenheit

Eine der Eigentümlichkeiten in Eckharts christlicher Mystik ist es, dass die Einheit, Reinheit und Unveränderlichkeit Gottes nur durch die Abgeschiedenheit ermöglicht werden. Während der Abgeschiedenheit kann nichts außer Gott aufgenommen werden. Denn die Abgeschiedenheit steht dem Nichts ungemein nahe.

Nichts als Gott kann so winzig sein wie nichts[26], und nur Gott kann so winzig sein, dass er in der Abgeschiedenheit bleiben kann (404-405). Während im Christentum die Demut gelobt wird, besteht in der Abgeschiedenheit die Bescheidenheit nur zusammen mit der Abgeschiedenheit. Denn die Abgeschiedenheit steht dem Nichts so nah, dass sie fast das Nichts ist, die Demut aber kann ohne Abgeschiedenheit entstehen. Eckhart lobt die Abgeschiedenheit mehr als alle Liebe, weil die vollkommene Abgeschiedenheit Gott dazu zwingt, uns zu lieben (402). Die lautere Abgeschiedenheit, die sich aller Kreaturen dieser Welt entledigt hat, muss auf einem bloßen Nichts stehen (423-425): In dieser lauteren Abgeschiedenheit hat nicht einmal das Gebet Platz (426), ein abgeschlossenes Herz ist einförmig mit Gott und ist formgleich mit Gott (427). Eckhart behauptet, dass in diesem letzten Fall die Seele selbst zum Nichts wird, indem er ein ähnlich gelagertes Beispiel aus den Werken des Augustinus

[26] Vgl. Meister Eckhart, Die deutschen und latinischen Werke, hg. im Auftrag der Deutschen Forschungsgemeinschaft: Die deutschen Werke: Bd. 5 (Meister Eckharts Traktate); 402-413; folgende Zitate im Text aus diesem Band.

anführt (428). Außerdem liegt auch der vollständige Frieden bei Eckhart in der Abgeschiedenheit.

Die Geburt des Gottessohnes in die Seele durch das Durchbrechen[27]

In der neutestamentlichen Bergpredigt heißt es: „Selig sind, die da geistlich arm sind; denn das Himmelreich ist ihrer." (Mt 5,3) Nach Eckhart ist der geistlich arme Mensch derjenige, der nichts will und nichts weiß und nichts hat[28]. Der Mensch, der nichts will, ist derjenige, der seines eigenen Willens und des Willens Gottes so ledig ist, wie er es war, als er noch nicht war. Der Mensch, der nichts weiß, ist der Mensch, der nicht einmal weiß, dass er weder für sich selbst noch für die Wahrheit noch für Gott lebt; er muss vielmehr so ledig sein allen Wissens, dass er nicht weiß noch erkennt noch empfindet, dass Gott in ihm lebt; mehr noch: er soll ledig sein allen Erkennens (729). Der Mensch, der nichts hat, ist der Mensch, der Gottes quitt ist und zugleich damit zu Gott durchbricht, zu dem Nichts der Gottheit, und zugleich den Durchbruch von Gott erlebt (76). Der Mensch, der nichts hat, ist der Mensch, der diese beiden Arten des Durchbruchs in sich als *eine* Art des Durchbruchs realisiert hat.

Das Durchbrechen bei Eckhart ist sehr ähnlich dem Standpunkt des *poiesis* (= Dinge kreativ schaffen) bei Nishida. Denn im Durchbruch ist der Mensch, der ledig steht seines eigenen Willens und des Willens Gottes und aller seiner Werke und Gottes selber, über allen Kreaturen, und er ist weder Gott noch Kreatur, vielmehr ist er, was er war, noch was er bleiben wird, jetzt und immerfort (731). Gott ist deshalb eins mit dem Menschen, der in dem Durchbrechen lebt. In diesem Sinne kann „die äußerste Armut" in diesem Durchbrechen verwirklicht werden. Gott kann in den Grund der Seele des Menschen hineinkommen und den berühren, der zu Gott in äußerster Armut durchbricht.

Das Feld nun, in dem Gott ursprünglich Gott ist, ist nicht außerhalb der Seele. Die Seele ist deswegen der Zufluchtsort[29].Und zwar gebiert Gott den Gottessohn als den Sohn der Seele im Nichts der Gottheit, worin die Gottheit als der Grund Gottes und der Grund der Seele eins sind. Denn das Sein Gottes als Vater betrifft die Geburt des Gottessohnes in die Seele[30].

---

[27] Dazu auch Sh. Ueda, Die Gottesgeburt in der Seele und der Durchbruch zur Gottheit. Die mystische Anthropologie Meister Eckharts und ihre Konfrontation mit der Mystik des Zen-Buddhismus. Gütersloh 1965.

[28] Meister Eckhart, Werke. Bd. 727; Folgende Zitate im Text aus diesem Band.

[29] Vgl. Meister Eckhart, Werke. Bd. 3, 267.

[30] Meister Eckhart, Werke. Bd. 1, 72.

Der Grund dafür ist, dass Gott den Menschen, der durch das Durchbrechen in der Armut lebt, nicht ausnehmen kann, weil Gott und die Seele des Menschen, der im Durchbruch lebt, sich als „ein einziges Eins" (= ein einig ein)[31] ereignen. Kurzum, Gott gebiert seinen eigenen Sohn in die Seele und zugleich wird die Seele in derselben Geburt in Gott wiedergeboren.
Bei Eckhart ist Gott Eins[32], diese Eins bedeutet „ein Versagen des Versagens" (361). Gott ist in Meister Eckharts Werken als Gottheit verstanden, die rein in sich selbst ist und der nichts außer Gott hinzugefügt ist. Die Vollendung der Gottheit besteht in der Tatsache, dass Gott Eins ist (368); diese Gottheit ist ein wesenloses Wesen[33], ein Nichts und er ist über dem Leben, über allen Wesen (223). Weiter ist das Nichts der Gottheit auch als die Wüste der Gottheit verstanden. Schließlich wird man hinzufügen müssen, dass während bei Nishida das Feld, in dem der Intellekt, das Gefühl und der Wille nicht getrennt sind, das Fundament der Welt vor der Philosophie bilden, bei Eckhart es der Thron Gottes ist, in welchen der Verstand ruht. Aus der Tatsache, dass Eckhart den Intellekt für wichtiger hält als das Gefühl und den Willen, können wir verstehen, dass in der Gottheit bei Eckhart noch ein Rest des mittelalterlichen substanziellen Gottes bleibt, wenn auch in sehr geringem Umfang.

Gott als absolutes Nichts und das Nichts der Gottheit

Gott als Substanz, als ewiger, universaler und unveränderlicher Gott ist sowohl bei Nishida als auch bei Eckhart ausgeschlossen. Bei Nishida und Eckhart entsteht Eins zwischen Gott, Gottheit und dem Selbst. Natürlich sind bei Nishida „das dialektische Universale" als Konkretisierung des „Feldes des absoluten Nichts" und das Selbst in der Welt der geschichtlichen Realität absolut kontradiktorisch selbstidentisch.
Jedoch gehört der Standpunkt des „dialektischen Universalen" bei Nishida zur Welt der Vergangenheit und Zukunft in der Gegenwart[34], zur Welt des göttlichen Ausdruckes, zur Welt der Kreativität Gottes und zur Welt, in der die absolute Verneinung *sive* Bejahung, absolute Bejahung *sive* Verneinung sind (153). Deshalb subsumiert die Welt der handelnden Anschauung alle phänomenalen Welten, das heißt, sie ist die Welt Gottes. In diesem Sinne

[31] Meister Eckhart, Werke. Bd.2, 11.
[32] Meister Eckhart, Werke. Bd. 1, 357. Folgende Zitate im Text aus diesem Band.
[33] Meister Eckhart, Werke. Bd. 3, 431. Folgendes Zitat im Text aus diesem Band.
[34] K. Nishida, Sämtliche Werke. Bd. 8, 86. Folgende Zitate im Text aus diesem Band.

können wir verstehen, dass „das Feld des absoluten Nichts" die absolute unendliche Offenheit, Gott selbst ist. Nishida sagt, dass sich die Welt dem „absoluten Einen" (56) verbindet und „das absolute Eine" in diesem Fall Gott bedeutet[35]. Gott kann also bei Nishida als das Feld, als Offenheit verstanden werden. In diesem Falle gibt es keine Vermittlung außer dem absoluten Nichts als der absoluten Verneinung aller substanziellen Standpunkte.

Wie gesagt, ist bei Nishida Gott als absolutes Nichts im Feld des absoluten Nichts. Bei Eckhart wird der Grund Gottes das Nichts der Gottheit, als des Grundes Gottes in Gott erfahren, die von Gott verschieden ist. In der Gottheit bricht die Gottheit zur Seele durch, in der freien Armut der Seele des einzelnen Menschen. Zugleich bricht die Seele zur Gottheit durch. In diesem Durchbrechen wird der Sohn Gottes als das Eine mit der Gottheit von der Seele der individuellen Seele in der Seele geboren. Im Nichts der Gottheit ist Gott verlassen. Das Eine der Gottheit mit der Seele ist keine Verbindung von Gottheit und Seele wie zwei verschiedene Dinge. Vielmehr besagt das Eine, dass Gott zur Gottheit als seiner Quelle zurückkehrt und die Seele in der Geburt des Gottessohnes als ihrer Quelle zurückgeht. Die Gottheit ist ein einiges Eins (= *ein einic ein*) und die Seele in ihrer Quelle der Sohn Gottes als ein einiges Eins. Zwischen dem Eins der Gottheit und dem Eins der Seele gibt es keine Vermittlung außer der Armut der Seele, das heißt der vollkommenen Abgeschiedenheit, dem Durchbrechen der Gottheit in die Seele und dem Durchbrechen der Seele in die Gottheit. Die Gottheit als Gottesgrund in Gott, die auch als „ein Versagen des Versagens" charakterisiert wird, ist sehr ähnlich dem Gott als dem Gott des absoluten Nichts (= Gott als Offenheit selbst), wo „absolute Verneinung *sive* Bejahung, absolute Bejahung *sive* Verneinung" entstehen, obwohl das Zeitalter, der Grundgedanke, die Philosophie, die geographische Befindlichkeit, die Religion etc. sich bei beiden Denkern voneinander unterscheiden. Doch die Geburt des Gottessohnes in der Seele, in der Gottheit als Verneinung Gottes bedeutet die Geburt des Gottessohnes, der Eins mit der Gottheit und auch frei von dem Bilde Gottes (= *imago Dei*) ist.

Die Geburt des Gottessohnes, der vom Bild Gottes frei und mit der Gottheit eins ist, in die Seele, bildet eine Parallele zur absoluten kontradiktorischen Selbstidentität von Welt und Selbst bei Nishida. Denn die Welt, in der das individuelle Selbst als Verneinung des Feldes des absoluten Nichts und die geschichtliche reale Welt als Verneinung des individuellen Selbst (= die Welt als Konkretisierung des Feldes des absoluten Nichts) absolut kontradiktorisch selbstidentisch realisiert wird, entsteht aus der Liebe als *agapē*

[35] K. Nishida, Sämtliche Werke. Bd. 11, 480.

oder Barmherzigkeit, die sich auf natürliche Weise des „absoluten Nichts" als absolute Verneinung ereignet. Auch bei Eckhart ist die Geburt des Gottessohnes in der Seele, der frei von dem Gottesbild und eins ist mit der Gottheit, nur aus der Gnade des Nichts der Gottheit möglich.
Zum Schluss können wir die gemeinsamen Punkte im Gottesverständnis bei Nishida und Meister Eckhart folgendermaßen zusammenfassen:

1. Die Verneinung der Verneinung in Gott ereignet sich auf „dem Feld des absoluten Nichts" oder im Nichts der Gottheit.
2. Sowohl die Welt der *poiesis* (kreativem Schaffen) durch das Selbst-Gewahren von Selbst und Welt, bei Nishida, als auch die Geburt des Gottessohnes in der Seele durch das Durchbrechen in der Abgeschiedenheit bei Eckhart werden als Gott verstanden.
3. Das handelnde Selbst in der Welt der *poiesis,* worin das Selbst und die Welt stets gebildet werden, bei Nishida, und die Tatsache, dass Gott handelt und das individuelle Selbst wird, bei Eckhart, zeigen beide die Verwirklichung des Werdens in Gott und Selbst.
4. Bei Gott als Werden, Gottheit als Quelle Gottes und beim Selbst-Gewahren der Welt gibt es keine Vermittlung außer der absoluten Verneinung.
5. Es gibt eine ursprüngliche Gemeinsamkeit zwischen dem Einen, zwischen Gottheit und Selbst im Durchbrechen bei Eckhart und der absoluten kontradiktorischen Selbst-Identität der geschichtlichen realen Welt als Konkretisierung und Unmittelbarkeit des Feldes des absoluten Nichts mit dem Selbst bei Nishida.

Abschließend sei hinzugefügt, dass in der gegenwärtigen Welt, in der die Götter verschiedener Religionen sich auf komplizierte Weise verwickeln, das Gottesverständnis wie das Eine zwischen Gottheit und Selbst bei Eckhart und die absolute kontradiktorische Selbst-Identität zwischen dem Feld des absoluten Nichts als absolute unendliche Offenheit und dem Selbst bei Nishida, uns zeigen, wie Gott in der gegenwärtigen Welt verstanden werden kann. Dabei sind die Unterschiede zwischen dem Gottesverständnis bei Nishida und bei Eckhart nicht entscheidend. Der Grund für diese Unterschiede besteht meiner Meinung nach darin, dass es im europäischen Mittelalter kein Paradigma (als Rahmen des Denkens und seines Feldes) des absoluten Nichts gab, welches alle anderen Paradigmen hätte subsumieren können.

Kapitel 5

Christus als Mitte der Geschichte – vom Standpunkt der Re- und Entmythologisierung

Im Christentum wird der Jesus des Neuen Testaments, dessen Eltern Maria und Josef sind, als der Christus angesehen. Und der Sohn, neben Vater und Heiligem Geist in der Trinität, wird nicht nur als Christus, sondern auch als Christus Jesus genannt. Dieser Sachverhalt ist innerhalb des Christentums selbstverständlich. Der Sohn ist neben Gott dem Vater und dem Heiligem Geist in der Trinität nicht nur Christus Jesus, sondern auch die absolute Wahrheit im Blick auf die anderen Religionen; das bringt große Probleme mit sich.

Erstens: Das Judentum sieht Jesus nicht als den Messias, sondern erwartet noch sein zukünftiges Kommen.

Zweitens: Der Begriff Islam (*al-islam*) meint die „innerliche Beziehung zum letzten Sein". Sodann sieht der Islam in Allah dem einzigen lebenden personalen Gott das letzte Sein, und der Prophet Muhammed wird in seiner Eigenschaft als letzter Prophet der Menschheit für den Sendboten Gottes gehalten.

Drittens. Im Buddhismus, der dritten Weltreligion unter den universalen Religionen gibt es keinen Christus oder Messias, keinen Vermittler zwischen Gott und den Menschen.

Viertens: In den genannten Religionen gibt es ein breites Spektrum von Versöhnungserfahrungen, während es auch Religionen ohne Versöhner bzw. Erlöser gibt. Es erscheint daher anachronistisch, wenn man im 21. Jh. Jesus auch als den Christus für außerchristliche Religionen behandelt. Katsumi Takizawa (1919-1984) unterschied – als japanischer Christ – den ersten Immanuel (Gott ist mit uns) von dem zweiten Immanuel. Dem ersten Immanuel begegnet man in der Gotteserfahrung, welche alle Menschen gemeinsam ursprünglich erfahren (vgl. Jes 7,14; 8,8): Der zweite Immanuel ist das Selbstgewahren des ersten Immanuel als Urtatsache.

Der Begriff „Weltreligion" meint nicht allein das Christentum, sondern auch den Islam und den Buddhismus. Diese beiden Religionen haben erst später als das Christentum den Weg nach Europa gefunden. Deshalb konnte das Christentum bis zum 7. oder 8. Jh. als absolut einzig angesehen werden. Doch im 21. Jh. sind weder Ausschließlichkeit noch Einschließung möglich, wie es John Hick vertritt[36]. Im interreligiösen Dialog des 21. Jh., in dem Pluralismus und Komplementierung eine große Rolle spielen, kann ein Absolutheitsanspruch des Christentums kein Thema mehr sein. Wenn der Absolutheitsanspruch von Christus Jesus hinsichtlich anderer Religionen weiterhin aufrechterhalten wird, führt das zum Streit zwischen den Religionen.

Daher möchte ich das Problem „Christus Jesus als Mitte der Geschichte" aus dem Blickwinkel der Ent- und Remythologisierung besprechen. Dabei möchte ich das Bibelverständnis im Sinne der Entmythologisierung nicht von einem Bibelverständnis durch Interpretation unterscheiden, weil sowohl das Bibelverständnis im Sinne der Entmythologisierung wie die Interpretation der Symbole meiner Meinung nach mit der Selbstwahrnehmung zu tun haben.

Die Rolle Christi Jesu in der Welt

Oscar Cullmann (1903-1999), Neutestamentler aus Straßburg, sah in seinem Buch *Christus und die Zeit* (1946) in Christus die Mitte der Zeit. Auch im Neuen Testament ist einerseits davon die Rede, dass der Mittler zwischen Gott und den Menschen der Mensch Christus Jesus allein ist (vgl. 1. Tim. 2,5). Er ist der Mittler des neuen Bundes (vgl. Hebr 12,24). Jesus selbst sagt von sich, er sei der Weg, die Wahrheit und das Leben (vgl. Joh 14,6). Niemand komme zum Vater außer durch ihn (vgl. Joh 14,6). Nach diesen Stellen der Schrift scheint Jesus die Mitte der Zeit, der Mittler des neuen Bundes und das Vorbild der *imitatio Christi* absolut zu sein. Doch andererseits sagt Paulus von Jesus: „Wenn aber alles ihm untertan sein muss, dann wird auch der Sohn selbst untertan sein dem, der ihm alles untertan gemacht hat, auf dass Gott sei alles in allem." (1 Kor 14,28) Damit wird auch der Sohn in Zukunft Gott untertan sein, auf dass Gott alles in allem sei.

Paul Tillich (1886-1965) deutet im zweiten Band seiner *Systematischen Theologie* (957) an, dass mit Christus Jesus die Existenz des Menschen korrespondiert, dass der Mensch zum Neuen Sein durch den großen Tod des alten Ego wiedergeboren und der wiedergeborene Mensch gerechtfertigt und geheilt wird. Aber für mich, die ich Christin bin und zugleich im Zen-Buddhismus lebe, ist Christus Jesus derjenige, der des ersten Immanuel, des „Gott ist mit uns", selbst gewahr wurde, wie es auch bei Katsumi Takizawa sieht.

[36] Vgl. J. Hick, The Problem of Religious Pluralism. London 1985.

Wenn aber die Gestalt des zweiten Immanuel („Gott ist mit uns"), die der Mensch als das repräsentiert bzw. ausdrückt, dessen er in der Erfahrung Gottes gewahr wird, wie bei Paul Tillich durch Christus Jesus symbolisiert wird, dann kann sie nicht allein in Christus Jesus Gestalt annehmen, sondern muss auch als „die absolute unendliche Offenheit", als „das Feld des absoluten Nichts" Ausdruck finden, wie wir es in Japan im Werk von Kitarō Nishida (1870-1945) finden. Gott ist dann nicht nur der Gott, der im Christentum tradiert, dogmatisiert und stabilisiert wurde, sondern auch Gott, der uns in unserem tagtäglichen Leben nicht nur persönlich, sondern aus der unendlichen absoluten Offenheit heraus auch unpersönlich erscheint; auch das ist dann der christliche Gott. Meines Erachtens muss Gott in jedem einzelnen Menschen erfahren werden, und der christliche Gott kann an jedem Ort der Welt Gestalt annehmen. Dass nach Paul Tillich Sünde, Unglaube und Hybris (Hochmut) durch Tod und Auferstehung des Vermittlers Christus Jesus überwunden werden, scheint mir in unserer Gegenwart auf dem Weg des Selbstgewahrens von Selbst und Welt realisiert zu werden. Während im Christentum der Weg der Überwindung von Sünde, Unglaube und Hochmut durch den Vermittler Christus Jesus eröffnet wird, wird der Weg durch Selbstgewahren von Selbst und Welt auch ohne den Vermittler Christus Jesus für die Überwindung von Sünde, Unglaube und Hochmut eröffnet. Das führt zum Problem der Ent- und Remythologisierung.

Der entmythologisierte Christus Jesus

Rudolf Bultmann (1884-1976) hat eine Entmythologisierung der Bibel vorgenommen und sie existenzial interpretiert. Dabei interpretiert er die jungfräuliche Geburt Jesu und seine Auferstehung neu. Für Paul Tillich ist das Symbol des „Falls" der Übergang von der Essenz zur Existenz. Dieses Symbol beruht aber auf der Anwendung von Bultmanns Ansatz der Entmythologisierung. Bei Tillich sind Sünde, Unglaube und Hochmut Merkmale der menschlichen Entfremdung, die vom neuen Sein in Jesus als Christus überwunden wird.

Das Bibelverständnis Bultmanns und Tillichs unterscheidet sich darin, dass bei Bultmann die Entmythologisierung im Zentrum steht und bei Tillich das Symbol. Zugleich unterscheiden die beiden Theologen zwischen Historie und Geschichte. Die Chronologie der Auferstehung wird als Tatsachenbericht entmythologisiert und die Auferstehung zum Symbol der

Begegnung mit der letzten transzendenten Dimension bzw. zur Anrufung Gottes. Den besonderen Ereignissen um Jesus als Christus, seiner Geburt, Kreuzigung und Auferstehung, begegnet Bultmann existenzial, Tillich dagegen symbolisch. Bei Bultmann wird das Ereignis Jesu Christi entmythologisiert und bei Tillich symbolisiert. Bei Tillich wird Christus Jesus als Erlösung und Teilnahme am neuen Sein, als Annahme des neuen Seins und Umwandlung durch das neue Sein gedeutet.
Meiner Meinung nach muss die Bibel jedoch noch gründlicher entmythologisiert und symbolisiert werden. Entmythologisierung und Symbolisierung müssen zur Offenheit der Realität selbst hin erweitert werden, in der alle Teile der Schöpfung bzw. des Universums, in Einheit mit sich selbst stehen. Darin ist die letzte Realität als Ursprung des persönlichen und unpersönlichen Gottes die absolute unendliche Offenheit, „das Feld des absoluten Nichts" wie bei Nishida. Der Islam, als eine der drei Weltreligionen befindet sich gegenwärtig auf dem Weg zu einer religiösen Entwicklung, wie einst das Christentum im europäischen Mittelalter. Er scheint aber in den vorwiegend christlich und buddhistisch geprägten Ländern keine gute Aufnahme zu finden. Christentum und Buddhismus sind dem Islam bei seiner Entwicklung augenscheinlich keine große Hilfe, sondern versuchen ihn eher abzuwehren. Wo das aber geschieht, steht das Christentum in der Gefahr seine Kraft als lebendige Weltreligion zu verlieren und selbst aus den drei Weltreligionen auszuscheiden.
Gegenwärtig vertritt jede Religion den eigenen Grund ihres Daseins im pluralistischen und komplementären Sinn. Es versteht sich aber, dass das Christentum den eigenen Absolutheitsanspruch heute nicht mehr wie früher behaupten kann. Stattdessen müsste es mit den anderen Religionen ökumenisch zusammenleben. Schon im 12. Jh. hat Joachim di Fiore (ca. 1130-1202) die Epoche des Alten Testaments als Zeitalter des „Vaters" und die Epoche des Neuen Testaments als das Zeitalter des „Sohnes" beschrieben, in dem die Gnade herrscht. Die Zukunft, nach 1260 sah er als Zeitalter des Heiligen Geistes, als dritte Stufe des Evangeliums[37]. Nach Tillich muss der Mensch im 21. Jh. dem „Geist" gemäß leben, ich würde sagen: in der Spiritualität und das im Dialog mit den anderen Religionen. Wenn die letzte Realität erfahren wird und einen sprachlichen Ausdruck findet, richten sich die Ausdrucksweisen dieser Erfahrung nach dem jeweils gegebenen kulturellen Umfeld oder Hintergrund; nach den Traditionen und

[37] Nach Joachim di Fiore bilden 30 Jahre eine Generation. Danach berechnet er die „Epoche des Sohnes" mit 40 Generationen; so dass er auf das Jahr 1260 kommt.

Denkweisen und den sprachlichen Möglichkeiten. Daher kann die letzte Realität bzw. die Wahrheit einerseits mit Jesus als Weg, das Leben (vgl Joh 14,6) ausgedrückt werden, andererseits im Sinne Keiji Nishitanis (1900-1990) als wechselseitige Durchdringung[38], als *śūnyatā* (Leere, *emptiness),* als Fülle der Zeit, als *pratītyasamutpāda (interdependent origination*) wie im Buddhismus oder als non-substantielles Nichts wie im Denken Nishidas.
Der Dialog auf der Basis von Pluralismus und Komplementarität (wie bei John Hick) scheint der Weg zu sein, was im Ausdruck der Erfahrung der letzten Realität und durch die Komplementarität von personaler und unpersönlicher Wahrheit bzw. Realität eröffnet wird. Wenn in einem solchen Gespräch der Anknüpfungspunkt zwischen dem persönlichen substanziellen Gott mit Christus Jesus als Vermittler, und dem nicht-substanziellen Gott als „dem Gott des absoluten Nichts"[39] ohne Vermittler, gefunden wird, so rücken wir immer näher an das Reich Gottes in der Geschichte heran, auf das Paul Tillich hoffte. Der Anknüpfungspunkt zwischen dem substanziell persönlichen Christus Jesus als Mitte der Geschichte und Gott als Offenheit, der in jedem Augenblick als Verwicklungspunkt von horizontaler Historie und vertikaler Dimension gegeben ist, könnte sich meiner Meinung nach in absolut kontradiktorischer Weise im Selbstgewahren versteckt halten.
Dieser Anknüpfungspunkt zwischen Gott als absolutem Sein und Gott als absolutem Nichts, das die Relativität transzendiert und den Tod des eigenen Ego realisiert, kann in dieser absoluten kontradiktorischen Weise gefunden werden, wenn wir von der entmythologisierten Welt zum ursprünglichen Mythos zurückkehren, und weitergehen zur remythologisierten Welt. Nach der Symbollehre Paul Tillichs bedeutet das aber, dass wir vom Verständnis des Symbols in der Bibel zum ursprünglichen Symbol zurückkehren und dieses aufs Neue symbolisieren müssen.

Der remythologisierte Christus Jesus

Die Interpretation der biblischen Mythen durch die Entmythologisierung müsste auf jeden Fall rückgängig gemacht, das heißt: die Texte müssten remythologisiert werden. Genauer gesagt, müsste diese Interpretation auf

---

[38] K. Nishitani, Was ist Religion? Übersetzt von D. Fischer-Barnicol. Frankfurt 1982, 238.
[39] Vgl. K. Nishida, Werke. Bd. 1. Tokyo 1965, 99; Bd: 4, 245, 276, 294.

dem Interpretationszirkel von Entmythologisierung und Remythologisierung gründen. Denn das existenziale Verständnis der biblischen Mythen ist je nach Generation und kulturellem Hintergrund unterschiedlich. Wenn aber eine Bibelinterpretation im Sinne der Entmythologisierung in einer gegebenen Situation nicht stimmig ist, muss man auf die originalen Mythen zurückgreifen, die Texte also remythologisieren und diese dann in zutreffender Weise existenzial mittels der verschiedenen Verfahrensweisen, im Hinblick auf die Wirkungsgeschichte seit ihrer Entstehung, neu interpretieren.

In der Bibel sind natürlich beide Botschaften enthalten, die essentiale und die nicht-essentiale. Die essentiale Botschaft darf aber nicht ausgeschlossen werden, und auch die nicht-essentiale Botschaft bedarf nicht der Entmythologisierung. Bei Bultmanns Entmythologisierung fällt es hingegen sehr schwer, die essentiale Botschaft der Bibel richtig zu beurteilen und zu verstehen, welche der biblischen Berichte essential sind und welche Art der Entmythologisierung mit welcher Epoche und welcher Generation, mit welcher Kultur, mit welchen geographischen Gegebenheiten, welcher Wirkungsgeschichte und Denkweise vereinbar ist. Im Sinne des Terminus „Symbol" müsste die Interpretation des Symbols durch die Entmythologisierung gleichfalls nach den verschiedenen Situationen interpretiert werden. Im Rahmen dieser Diskussion ist eine Unterscheidung zwischen Mythos und Symbol nicht notwendig.

Nun ermöglicht die Art der Entmythologisierung nach der nicht-essentialen Denkart des 21. Jh. und der ostasiatischen Kultur, in der man ursprünglich shintoistisch, konfuzianisch, taoistisch und zugleich buddhistisch lebt, ein Bibelverständnis im Sinne des Selbstgewahrens. Ein solches Bibelverständnis kann ganz verschieden sein, je nachdem, auf welcher Stufe des Selbstgewahrens das betreffende Individuum sich befindet. Das wahre Selbstgewahren entsteht in dem Augenblick, in dem Zeit und Ewigkeit sich ineinander verwickeln, im „Hier und Jetzt". Ich glaube, dass in Ostasien „Christus Jesus als Mitte der Geschichte" durch das Selbstgewahren von Selbst und Welt verstanden werden kann, nicht aber durch Entmythologisierung des Mythos und durch Interpretation der biblischen Symbole.

Wo die Bibel als Mythos oder symbolisch verstanden wird, wird sie entmythologisiert bzw. interpretiert. Jede Zeit tut es auf eigene Art, entsprechend den äußeren und inneren Gegebenheiten, nach Zeitumständen und Wirkungsgeschichte. Wir, die wir als Christen im 21. Jh. heimisch sind, sollten die erste Botschaft der Bibel vom sekundären Umgang mit der Bibel zu unterscheiden wissen. Die erste, kernhafte Botschaft sollte so verstanden werden, dass sie die ganze Schöpfung anspricht, während die zweite Weise nur innerhalb des Christentums gelten kann. Jeder von uns sollte verstehen, welche Botschaft der Bibel für die ganze Schöpfung gilt und welche Botschaft sekundär ist. Dann ist eine jede Religion in unserer Welt absolutes Zentrum und zugleich auch nur ein Punkt, der die Welt, das Universum bildet, ebenso wie jeder Mensch das absolute Zentrum des Universums ist und zugleich immer ein Punkt der Peripherie, die das Universum bildet. Dessen kann jeder von uns sich durch das Selbstgewahren verstehen, das bis zum absoluten Nichts als Abgrund in der Tiefe des Seins reicht.

Wenn man sich nur um die eigene Erlösung sorgt, steht die eigene Religion absolut über allen Religionen, und die anderen Religionen werden geringer eingestuft. Wenn jedoch das Selbstgewahren vertieft wird, bemerkt man, dass man eine Religion nicht gegen andere diskriminieren darf, da eine Religion absolut und zugleich unter anderen, also pluralistisch entsteht und jede Religion absolut und zugleich ein Punkt der Peripherie ist. Die Umwandlung von Erlösung und Erhöhung nur des eigenen Ego zur Erlösung und Erhöhung der ganzen Welt, der ganzen Schöpfung, kann auf verschiedene Weise ermöglicht werden. Z.B. entsprechen in Paul Tillichs *Systematischer Theologie* einerseits das Sein, die Existenz und das Leben des Menschen dem trinitarischen Gott, dem Vater, dem Sohn und dem Heiligen Geist, und der Geschichte vom Reich Gottes der Geburt, Kreuzigung und Auferstehung Jesu Christi und das Reich Gottes. Andererseits eröffnet das Selbstgewahren von Sein, Existenz und Leben im Menschen den Weg vom Fall, von der Entfremdung zur Wiedergeburt, Rechtfertigung und Heiligung durch Gott und zur Dimension des Lebens durch den göttlichen Geist. In der Dimension des Lebens ist es dem Menschen in der Geschichte der Begegnung mit Gott möglich, im Reiche Gottes „das Leben in Ewigkeit" zu leben.

Das geschieht, indem der Zirkel von Entmythologisierung bzw. Interpretation und Re-Mythologisieren bzw. Re-Interpretation durch das Selbstgewahren jedes einzelnen Menschen. durchbrochen wird und sich ihm das wahre Selbst, das der ganzen Schöpfung zu Grunde liegt, eröffnet. Wenn der einzelne Mensch des wahren Selbst, das sich ihm auf dem Feld des absoluten Nichts eröffnet, gewahr geworden ist, und sei es auch nur für einen Augenblick, dann kann ihm klar werden, dass das wahre Selbst nur im Selbstgewahren von Selbst und Welt, von Gott als absolutem Nichts, bestehen kann. Und zwar unterstützt das Selbstgewahren der Welt, das im Ursprung des persönlichen und unpersönlichen Gottes gegeben ist, das Selbstgewahren des Selbst. Dieser Tatsache kann jeder Mensch gewahr werden, wenn es in einer unwillkürlichen „Tathandlung", etwa beim Schaffen eines Kunstwerks, während einer geistigen Tätigkeit u.ä., während der die absolute Verneinung des Ego realisiert wird und er in der Einheit seines Bewusstseins, reflexionslos, lebt. Die absolute Verneinung des Ego ist aber in den vier Denkparadigmen als Rahmenwerk des Denkgrundes und Feldes des Selbstgewahrens von relativem Sein über das relative Nichts und das absolute Sein zum Nichts *(nihil)* nicht möglich. Möglich ist sie nur im fünften Denkparadigma, dem absoluten Nichts, das als erster Kitarō Nishida, der erste Philosoph Japans, in seinen Schriften als standpunktlosen Standpunkt entworfen hat. „Absolutes Nichts", dieses fünfte Paradigma, lässt sich in der traditionell-orthodoxen europäischen Philosophie von Platon bis Hegel bedauerlicherweise nicht finden.

Beim *ersten Paradigma*, dem „relativen Sein", handelt es sich um den Rahmengedanken im kreatürlichen Bereich der Welt der Erscheinungen. In Heideggers Terminus ist es das Paradigma des Denkens in der Welt des „Seienden", das sich weder im Bereich des Denkens des „Seins des Seienden", noch im Bereich des Denkens „des Seins selbst" bewegt. Hier muss ich hinzufügen, dass das Paradigma des Denkens zugleich der Ort ist, dem der Mensch verhaftet bleibt, solange es nicht um das Nichts geht.

Das *zweite Paradigma* des „relativen Nichts". ist mit dem ersten Paradigma verbunden. und gleichsam die Rückseite des Denkens eines Körpers, der als Außen- und Innenseite desselben Phänomens wahrgenommen wird. Dieses zweite Paradigma äußert sich in Angst, Verzweiflung und Langeweile, einer Stufe des Selbstgewahrens der Existenz, wie wir es bei Soeren Kierkegaard finden.

Das *dritte Paradigma* als Rahmen des Denkens und des Ortes des Selbstgewahrens heißt *„nihil"*. *Nihil* unterliegt der ganzen Schöpfung und liegt gleichsam über dem Thron, auf dem Gott sitzt; es schwebt wie eine abgeworfene Haut, wie wir es bei Nietzsche finden.

Das *vierte Paradigma* als absolutes Sein liegt der Dimension der Transzendenz zugrunde, als *idea, ousia, eidos,* als Gott, als das Absolute. Sein Einfluss reicht von der Philosophie der Griechen bis zu Hegel. Wenn dieser Standpunkt und dieser Ort verabsolutiert werden, entstehen Idealismus und Spiritualismus.

Das *fünfte Paradigma*, das die Dimension des Gegensatzes, des Dualismus und der Polarität transzendiert und die Dimension absolut, kontradiktorisch und selbstidentisch wie bei Nishida eröffnet, führt den Menschen zum großen Tod seines Ego und zum Selbstgewahren des wahren Selbstgewahrens, das der ganzen Schöpfung zugrunde liegt, – obwohl jedes wahre

Selbst im absoluten Bruch mit allem anderen unabhängig ist. Dieses Paradigma wurde, wie erwähnt, erstmals von dem japanischen Philosophen Nishida entwickelt. Wenn wir alles auf dem Grund des absoluten Nichts als Paradigma des Denkrahmens und des Feldes des Selbstgewahrens denken, eröffnet sich das Feld des absoluten Nichts. Auf diesem Feld ist Christus Jesus die Mitte der Geschichte jeder Kreatur und der ganzen Schöpfung. Damit ist nicht nur jeder von uns das absolute Zentrum des Kosmos bzw. der Welt, sondern jeder von uns ist immer zugleich nur ein Punkt der Peripherie. Dieses Verhältnis zwischen dem echten Individuum als wahrem Selbst und der Welt bzw. dem Kosmos gilt auch für das Verhältnis zwischen dem, der glaubt, und anderen Religionen, an die man nicht glaubt oder in denen man nicht lebt: Jede Religion ist hier die absolute Religion über allen anderen Religionen und doch zugleich nur eine Religion an der Peripherie, unter vielen anderen, die die Welt, den Kosmos, aufrechterhalten. Denn jede Religion besteht auf dem Grund des Selbstgewahrens, weil nicht nur das Selbstgewahren, sondern auch jede Religion die Welt bzw. den Kosmos bildet und vice versa. Das gilt auch für das Christentum, dessen Grund wir erfahren und anschauen in der Erfahrung Gottes, in der Dimension des Ursprungs zwischen persönlichem und unpersönlichem Gott, in der Erfahrung der letzten Realität – sie steht allen und jedem offen.

Kapitel 6

Paul Tillichs Theonomie hinsichtlich des Mystischen und des Rationalen

Tillichs Religionsphilosophie widmet sich, religionswissenschaftlich gesehen, der menschlichen Vernunft, der Ratio. Ich halte dafür, dass sie untrennbar verbunden ist mit christlicher Theologie, und wenn wir Tillichs Denken insgesamt betrachten, so ist seine Religionsphilosophie durch die paradoxe Einheit von „Sein und Denken", also zugleich von „Kultur und Religion" und „Philosophie (Vernunft) und Theologie" geprägt. Seine Religionsphilosophie wie auch seine Ansätze zur christlichen Theologie leiten sich von seinem Unbedingtheitserlebnis her. Das ist eine unumstößliche Tatsache und von den Berliner Vorlesungen im Sommersemester 1920 her bekannt. Seinerzeit ging es Tillich darum, seine Religionsphilosophie wissenschaftlich zu begründen und sie christlich-theologisch im Hintergrund seines Denkens einzubinden. Das spätere Hauptwerk, die *„Systematische Theologie"* (1955-66), stützt sich auf zwei Komponenten, erstens auf die Religionsphilosophie und zweitens auf die christliche Theologie, wie sich dies in insgesamt fünf Teilen dieses Werkes zeigt und an den Titeln ablesen lässt: Vernunft entspricht Offenbarung, Sein entspricht Gott, Existenz ist gleichgesetzt mit Christus, Leben entspricht dem Geist, und Geschichte dem Reich Gottes. Ursprung dieser Gedankengänge ist Tillichs Unbedingtheitserlebnis, wie er es in den Sommervorlesungen jener Tage dargestellt hat[40] (EW XII, 333-584).

In eben diesen Vorlesungen von 1920 findet sich der Begriff Theonomie in seiner doppelten Verwendung in Religionsphilosophie und christlicher Theologie. Hier erläutert Tillich seine Überlegungen zum polaren Gesichtspunkt von „Denken und Sein" und „Rationalem und Mystischem".

Diese Doppelheit, religionsphilosophische und christliche Theologie, erklärt sich von zwei polaren Gesichtspunkten her, dem Mystischen einerseits und dem Rationalen andererseits. Indes hat Tillich seinerzeit schon diese Polarität in eine dialektische paradoxe Einheit aufgelöst, indem er Form und Gehalt gedoppelt versteht als zweifache Einheit, eine Einheit mit

---

[40] Wir zitieren im Text P. Tillich, Gesammelte Werke. Stuttgart 1959ff. mit GW + Bandzahl römisch + Seitenzahl; Ergänzungs- und Nachlassbände. Berlin – New York 2001ff. mit EW + Bandzahl römisch + Seitenzahl.

zwei Komponenten, da er schon damals das Paradox zwischen Form als dem sozusagen Rationalen und Gehalt als dem sozusagen Konkreten und Mystischen, als eine Einheit betrachtete.
Bei der Lektüre seiner Vorlesungen von 1920 wird die Spannweite seiner Überlegungen zum Wesen der Religionsphilosophie deutlich, die zu den Kategorien der Religionen, zur Polarität von Rationalität und Subjektivität, zum Rationalen und zum Mythologischen, zum Mythos und zur Offenbarung, zur Kultur und Religion, zu Sein und Denken, zu Autonomie und Heteronomie reicht und das tiefgreifende Nachsinnen, dem er sich seinerzeit widmete, über das Paradox und die paradoxe Einheit der Polaritäten in den Religionen umfasst. Man kann diese Fülle von Begriffspunkten noch besser verstehen, wenn man die Vorlesungen vom Wintersemester 1922-23 zum Vergleich heranzieht. Ich möchte Tillichs Theonomie im Hinblick auf die Möglichkeit der Auflösung der Polaritäten betrachten, auf die Möglichkeit der paradoxen Einheit innerhalb der religiösen Theonomie, die sich auf ein Gottesverständnis als Symbol gründet, und auf seine Art des Unbedingtheitserlebnisses.
Gewiss bleiben in Tillichs Ansätzen die ursprünglichen und grundlegenden Polaritäten erhalten, wie etwa in „Religionsphilosophie und christliche Religion" und „die korrelative Methode von Philosophie als Frage und Theologie als Antwort". Trotzdem sollten diese grundlegenden Polaritäten identifiziert werden als paradoxe Einheit in seiner Gnadenreligion, das heißt, in seinem späteren Denken vom neuen Sein, das auch die paradoxe dynamische Identität von Denken und Sein in Tillichs Denken und Sein darstellt. Ein dermaßen sich öffnendes systematisches Keimen seiner späteren „systematischen Theologie und (Religions-)Philosophie" können wir in den 1920er Vorlesungen erkennen (EW XII, 333-584) als „Theonomie jenseits des Mystischen und des Rationalen." Ermöglicht wurde dies durch die Entdeckung Gottes als Symbol des Unbedingtheitserlebnisses.
Wenn wir Tillichs Religionsphilosophie auf dem Hintergrund der Entwicklung seines Denkens in Gänze zu verstehen suchen, dann wird uns einsichtig, dass er sein Denken aus der Polarität zwischen „Denken und Sein" bildet, also auch aus der Polarität zwischen Kultur und Religion und ebenso aus der Polarität von „Philosophie" (Vernunft) und „Theologie" (Glaube) und dass er beständig auf diesem Weg fortschreitet. Der Ort nun, (das Feld), wo die Einheit solcher Polaritäten realisiert wird, ist in Tillichs späterem Werk der Ort des Abgrunds als Gott (GW I 334): Anders gesagt, diese paradoxe Einheit ist ermöglicht mittels der Theonomie auf dem Grund des Abgrunds als Gott, der das Symbol des Unbedingten ist. Überdies

bedeutet die Tillichsche Theonomie die paradoxe Einheit der Religion und der Kultur (GW I 330. 334). Ferner bedeutet sie die Einheit von unbedingtem Sinn-Gehalt und bedingter Sinn-Form (GW I 330). Tillichs Theonomie entsteht in der paradoxen Identität der Autonomie in der horizontalen, vernunftbetonten Dimension und der Heteronomie in der vertikalen, irrationalen und mystischen Dimension, das heißt, seine Theonomie entsteht jenseits beider Dimensionen.

Aus den Vorlesungen, die Tillich zwischen dem SS 1920 und dem WS 1922/23 gehalten hat, können wir ersehen, dass es ihm gelang, nicht nur die theonome Rezeption des Symbols, sondern auch den Sinn der theonomen Symbolik und eine empirisch-rational-irrationale Apologetik zu entwickeln. Im SS 1920 sagt er: „Gott ist das Symbol für das Unbedingte; aber es ist ein Symbol ..." (GW I 334), und weiter: „Gott ist nicht nur ein eigener Grund, sondern auch sein eigener Abgrund." (330), und er fährt fort: „Die Einheit von Religion und Kultur als Einheit von unbedingtem Sinn-Gehalt und bedingter Sinn-Form ist das wesensmäßige Verhältnis beider. Wir nennen diese Einheit Theonomie und verstehen darunter die Erfülltheit aller Kulturformen mit dem Gehalt des Unbedingten." (GW I 330)

In meinem Vortrag möchte ich erörtern, wie sich Tillichs Überlegungen und der eben zitierte Gottes- und Theonomie-Begriff aus dem Jahr 1925 im Laufe der Vorlesungen ab dem Sommersemester 1920 weiterentwickelt haben. Dabei möchte ich zwei Dinge bewusst voneinander trennen: einmal den Gesichtspunkt der Polarität von „Sein und Denken" und zum anderen den Gesichtspunkt des „Mystischen und des Rationalen", auch wenn beide Polaritäten im Grunde in der christlichen paradoxen Identität, im Ausgangspunkt und im Zielpunkt, selbstidentisch verwirklicht sind.

Natur bei Tillich im SS 1920

Denken und Sein im SS 1920

Ich komme zum Denken und Sein in der Tillichschen Religionsphilosophie, dargelegt anhand der Texte nach den Vorlesungen im Sommersemester 1920 (EW XII 333-584). Hinsichtlich der Beziehung von „Sein und Denken" in den Sommervorlesungen muss man sich zunächst deutlich machen, wie Tillich den Begriff „Natur" versteht. Während dieser Phase seines Denkens versteht er das „Denken" als gedankliche Auseinandersetzung mit verschiedenen Formen des „Seins" in „Natur und Kultur". Sein Verständnis der

Natur hat sich geformt durch das Überdenken des Seins in „Natur und Kultur", und Tillich setzt es religionsphilosophisch bis ans Ende seiner Tage fort. Gegenstände des Denkens seit der antiken griechischen Philosophie bis zur modernen traditionellen Philosophie als Metaphysik bei Hegel sind die Natur, der Mensch und die transzendente Dimension, wie Gott oder die Ideen waren, obwohl bei Hegel die Geschichte dazu ergänzt wurde.
Für Tillich aber existiert „alle Natur" nur für „das Bewusstsein durch Kultur" (EW XII 583). Es ist dies ein eigenartiges Wesensmerkmal des christlichen Welt- und Menschenbildes. dass die Natur allein durch das Medium der Kultur verstanden werden kann. Bei Philosophen wie beispielsweise Alfred North Whitehead und Kitarō Nishida, auch im Judentum, im Buddhismus und in der antiken griechischen Philosophie als Metaphysik, in der Philosophie von den Vorsokratikern hin bis zu Hegel sind die Menschen eins mit der Natur, sowohl im Sinne von Natur als einem „Von-sich-her-Aufgehen", – worauf Heidegger hingewiesen hat – als auch im gegenwärtigen Sinne, dass der Mensch ein Teil der Natur sei.

Das Denken bei Tillich zwischen SS 1920 und WS 1922/23

„Denken und Sein" ist das Grundthema in Tillichs Sommervorlesungen von 1920. Selbstverständlich werden dort auch Geist und Norm sehr wichtig, aber in dieser Periode erfährt das Denken in Tillichs Worten „das Sein als ein ihm Entgegenstehendes, Anderes, Fremdes im Denken." (EW XII 23) Und zwar ist das Sein zugleich „eine Bestimmung, vom Denken besetzt und insofern mit dem Denken identisch." (EW XII 23)
Bei Tillich werden „Denken und Sein" zuerst im Denken als Identität verstanden. Mit anderen Worten: Seinserlebnis und Sinnerlebnis werden in Tillichs Denken realisiert. Dabei richtet er seine Aufmerksamkeit darauf, dass es nicht nur um eine Sache im Bewusstsein geht, sondern auch darum, „dass hier tatsächlich etwas berührt ist, worauf das Bewusstsein ruht und von woher aus es bis ins Tiefste erschüttert werden kann." (EW XII 23) Während Gott späterhin als „die Tiefe des Seins" verstanden wird[41], können wir deren Prototyp, die Grundform, in diesen Vorlesungen als die Erschütterung des Bewusstseins bis zur Tiefe finden. Darüber hinaus können wir, während Tillich später den Glauben als das letzte Interesse definiert, diesen Prototyp als Seins-Erlebnis, als Unbedingtheitserlebnis oder als Erlebnis der unbedingten Realität in eben diesen Berliner Vorlesungen

[41] P. Tillich, Systematische Theologie. Stuttgart 1963, Bd. III 168, 289, 333.

auffinden. Außerdem ist dieses Erlebnis für das dialektische Verhältnis von Denken und Sein wichtig (EW XII 402). Dabei müssen wir unser Augenmerk darauf richten, dass nach Tillich das Denken selbst die Kultur ändert, kulturbildende Kraft besitzt und das Leben selbst ist.

Das Sein bei Tillich nach den Vorlesungen SS 1920 und WS 1922/23

Wie wir gesehen haben, entstehen „Denken und Sein" bei Tillich im Denken identisch in paradoxer Weise. Das Seinserlebnis als Unbedingtheitserlebnis aber kann nur durch eine gegenständliche Symbolik beschrieben werden. Jedes Unbedingtheitserlebnis wird im Sein als der Tiefe nur in jener Form symbolisiert, die das jeweilige Individuum erreichen kann und die als Symbol zum Träger dieses Erlebens werden. In diesem Sinne ermöglicht die Form als Symbol das Verständnis dieses Erlebens. Das aber kann zu Konflikten und zu Auseinandersetzungen zwischen religiöser Form als heiligem Symbol und profaner Kulturform führen. Tillich denkt aber, dass diese Konflikte und Kämpfe nur durch einen Wettstreit der Überzeugungen beigelegt werden können, da keine Auseinandersetzung jener beiden Formen möglich ist. Das Unbedingtheitserlebnis selbst wird aber nicht mit dem Wort „Inhalt", sondern mit dem Begriff „Gehalt" ausgedrückt. Das Problem „des Verhältnisses von Religion und Kultur" ist deshalb nichts anderes als das Problem des Gehalts, nichts anderes als das Unbedingtheitserlebnis, nichts anderes als das Symbol. Darin liegt das Paradox, dass das Heilige auch das Profane in sich einschließt. Dieses Problem des Verhältnisses von Form und Gehalt führte dahin, dass in den Berliner Vorlesungen die paradoxe Dialektik von Sinn und Denken begründet wurde. Während Tillich die Frage des polaren Problems von religiöser Form und profaner Kulturform, zwischen Form und Gehalt, Religion und Kultur und schließlich zwischen Sein und Denken während der Sommervorlesungen 1920 noch als Dialektik versteht, kommt es in den Wintervorlesungen 1922-23 zur Identität von Bewusstsein und Welt (EW XII 581). In dieser Entwicklung von der paradoxen Dialektik von Denken und Sein zur paradoxen Identität von „Bewusstsein (Selbstgewahren) und Welt" sehen wir die erste Entwicklung während der Vorlesungen der 20er Jahre. Dabei handelt es sich bei der „Welt" um eine Form des Seins und beim Bewusstsein um eine Form des Denkens.

Tillichs religionsphilosophische Methode

Während dieser Vorlesungen teilt Tillich die Religionen ein in Naturreligion, Kulturreligion, Gesetzesreligion und Gnadenreligion (vgl. EW XII 567-568). Infolge dieser Einteilung sieht Tillich sich daran erinnert, dass in der Gnadenreligion der Mittler paradoxerweise gekreuzigt wird, konkret und unbedingt. Durch die paradoxe Aufhebung des Mittlers (Jesus) durch das Kreuz kommt Tillich zu einem Verständnis der Vernunft, dass sie ausschließlich als Träger der Form reflektiert, und zu einem Verständnis Gottes als Einheit, „das Eine oder das Sein". In diesem Verständnis behauptet sich das griechische Moment des Logos oder der Reflexion, über die jüdischen Elemente, wie die subjektive Tathandlung, das Ereignis oder Geschehen im Gegenspiel beider Momente. Dort versteht Tillich, dass die stoische Immanenz in die konkrete paradoxe Form der Logoslehre aufgenommen wird (EW XII 570).

Der Sieg des Griechischen über das Jüdische in den Vorlesungen von 1920 in Bezug auf Tillichs Methode findet sich auch in seinem späteren Hauptwerk *„Systematische Theologie"* (1951-1963), worin philosophische Begriffe wie das Sein, die Existenz, das Leben und die Geschichte der Reihe nach Gott, Christus, dem Heiligen Geist und dem Reich Gottes in der christlichen Theologie entsprechen.

Überdies können wir schon im Jahre 1920 das logische Verhältnis zwischen der Philosophie als Frage und der Theologie als Antwort finden, was später „die Methode der korrelativen Relation zwischen Philosophie und Theologie" genannt wird als die jüdisch-dynamische Relation zwischen beiden. Während Tillich die Methode zwischen Philosophie und Theologie sozusagen in fixierter Weise als Frage und Antwort auf die Frage ansieht, versucht er während der Vorlesung von 1920 das Symbol in seine Theonomie aufzunehmen, doch die Einheit wird als Identität von griechischem Logos und jüdisch-dynamischer Tathandlung noch nicht erreicht. Das hat wohl seinen Grund darin, dass er die paradoxe Identität des Unbedingten und des Weltprinzips zu erschließen und das Symbol in seine Theonomie aufzunehmen suchte (EW XII 571).

Das Mystische und das Rationale

Das Mystische

Das Verhältnis zwischen „Religion und Kultur" und zwischen „Gehalt und Form" in der früheren Periode der Religionsphilosophie Tillichs kann man als Verhältnis zwischen dem Mystischen und dem Rationalen bezeichnen im Sinne des Verhältnisses zwischen dem Gehalt als Gotteserlebnis und dessen Form, die als Symbol, das heißt, sozusagen als Inhalt, gesehen wird.
Die Entwicklung des Verhältnisses von Religion und Kultur (Sommersemester 1920) zum Verhältnis zwischen „dem Mystischen und dem Rationalen" (Wintersemester 1922/23) wird weiterentwickelt zum Verhältnis von Irrationalismus und Rationalismus, indem die Theonomie in die Religionsphilosophie aufgenommen wird. Dabei wird die Theonomie als Irrationalismus verstanden und die Autonomie als Rationalismus. Obwohl Tillich in seinen Forschungen über die Polarität nicht nur Theonomie und Autonomie, sondern auch Theismus und Atheismus einbezieht, versucht er diese verschiedenen Polaritäten in der Tiefe, im Urgrund, als der Realität, als dem Prius der verschiedenen Polaritäten zu lösen, die sich im grundlosen Grund öffnen. Tillich beachtet sehr, dass die Macht der Einzelform oft als dämonische Kraft funktioniert, d. h. dass die Form durch die rationale Abstraktion substanziell wird und demzufolge der Gehalt des Unbedingtheitserlebnisses verfliegt und nur sein Inhalt übrigbleibt.
Nun versucht Tillich, das Sachliche wie Autonomie, Atheismus, Natur, das Dingliche oder Rationale und das Persönliche wie Theonomie, Theismus, Kultur, Persönliches zum Überpersönlichen, d. h. zur Einheit von beiden zu vertiefen. Er weiß aber, dass das rein Überpersönliche die Gefahr in sich birgt, in die reine Mystik abzugleiten und das rein Persönliche, in der Theokratie zu enden. Darum hat er in seinen Wintervorlesungen von 1923 die personalen Züge aller Mystik und die überpersonalen Züge aller Theokratie in die Dialektik von Gebet und Andacht. aufgehoben (EW XII 573). Hier müssen wir hinzufügen, dass in den Vorlesungen von 1920, wo Tillich das Symbol aufnimmt, der Gehalt als Unbedingtheitserlebnis und die Form als trinitarisches Symbol, mit dem der Gehalt ausgedrückt wird, als das konkrete Abstrakte, als das Zentrum der Weltgeschichte und so als dessen Symbolkraft versteht (EW XII 573). Dieses Geschichtsverständnis kann man als die ursprüngliche Gestalt des Geschichtsverständnisses verstehen, wie Tillich es in „Geschichte und das Reich Gottes" in seiner *Systematischen Theologie*, Bd. III. beschreibt.

Das Rationale

Der Gegenpol des Rationalen ist das Irrationale, und das Rationale der religiösen Form ist der Gegenpol der profanen Kulturform; Tillich hält die Versöhnung dieser beiden Pole für unmöglich (EW XII 25). Er hält es für ein Problem der Überzeugung jedes Einzelmenschen, welcher Pol entsteht. Wie gesagt, finden Kultur und Religion den Extrempunkt der absoluten Selbstverneinung der Kultur in der absoluten Mystik einerseits und den Extrempunkt der absoluten Selbstverneinung der Religion in der absoluten Ethik andererseits. Jedoch kehren Kultur und Religion als das Profane und das Heilige oder „als Kultur-, Mystik-, und Gnadenreligion bis hin zur vollendeten Mystik in der Einheit des Paradoxen" (EW XII 26) zurück. Mit anderen Worten, das Rationale in der reinen Kultur und der reinen Ethik kehrt in der dialektischen und paradoxen Einheit mit dem Irrationalen zurück zu jener Tiefe, in der „Kultur und Ethik" und „Religion und Mystik" in paradoxer Weise identisch sind.

Der Gehalt des Unbedingtheitserlebnisses wird als Form durch den Ausdruck, durch Rationalisierung symbolisiert, doch diese Form wird durch den Gehalt des Unbedingtheitserlebnisses durchbrochen, weil dieser Gehalt immer wieder vertieft und verbreitert wird. Wo jedoch Form und Gehalt im Unbedingtheitserlebnis in der Tiefe paradoxerweise identisch sind, befinden sich das Rationale und das Irrationale in paradoxer Einheit. Das Rationale hat im Allgemeinen die Möglichkeit, sich zur Ethik, zur Metaphysik, zur Philosophie oder zur sozialen ethischen Gesetzesreligion zu entwickeln. Dennoch versucht Tillich, die paradoxe Dialektik des Rationalen mit dem Irrationalen zu identifizieren. Er tut das mit Hilfe des Gedankens, dass alle Formen, auch die höchste Weltform, durch den reinen Gehalt des Unbedingtheitserlebnisses überboten werden durch die Dialektik von Entgegenständlichkeit bei der Erhöhung der Form und Gegenständlichkeit bei der Fixierung der Form. Tillich sieht in der Verdinglichung der großen mystischen Formen und der Rationalisierung in der Metaphysik die Voraussetzung der Welterkenntnis und erkennt, dass statt der Verneinung der Gottheit in den Dingen die rationale Form erscheint (EW XII 569). Denn er glaubt, dass alle Heiligkeit in eine Form rationalisiert werden muss. Wenn aber durch Rationalisierung eine unbedingte Form gebildet wird, werden auch die großen mystischen Formen verdinglicht und rationalisiert. Hier zeigt sich die Gefahr, dass Form, rein vernunftbetont, zum Gegenstand wird und das Eine und das Sein als eine Kategorie verstanden wird. Daher entwirft Tillich während der Wintervorlesungen 1922-23 Formen der

Subjektivität, um solchen Gefahren zu entgehen. Er ist bestrebt, die Formen, in denen Gott als Einheit von Vernunft und Natur realisiert ist, als Einheit von rationalistischem, naturalistischem und mystischem Pantheismus darzustellen und die Aufnahme der Natur in eine ideale Form zu ermöglichen. Eine solche Einheit bezeichnet Tillich im WS 22/23 als „die theonome Rezeption des Symbols". Die dialektischen Ideale werden zu Synthesisfolgen der beiden Pole: der Sachlichkeit und Mittelhaftigkeit der rationalen Begriffe der Unbegrenztheit und der reinen Bedeutsamkeit, der Selbstzwecklichkeit der irrationalen Begriffe.

Die Form als Gehalt der Offenbarung in der Philosophie der Offenbarung besteht nach Tillich im ekstatischen Durchbruch, in der ekstatischen Formung. Damit ist gemeint, dass „jeder ekstatische Akt eine Art der Realisierung der absoluten Realität" ist (vgl. EW XII 581). Damit ist nach Tillich das Prinzip der mystischen Identität erreicht. Die Beziehung zwischen kritischer Erkenntnistheorie und Mystik besteht bei ihm in der Identität von Welt-Prinzipien und dem Ich als Subjekt.

Das erfordert, dass die Methode der Religionsphilosophie oder der Philosophie und ihr Gehalt ein tiefes Verhältnis zueinander haben, dass ihre Methode durch ihren Gehalt vertieft wird und ihr Gehalt durch die Methode eine bestimmte Richtung erhält. Deshalb ist es notwendig, dass die dialektische paradoxe Identität von kritischer Erkenntnistheorie und Mystik in der Tillichschen Religionsphilosophie und der christlichen Theologie einerseits wirksam ist und die dialektische paradoxe Identität der Weltprinzipien mit dem Ich als Subjektivität jedes Individuums andererseits Tillichs Methode beeinflusst.

Die paradoxe Identität von Denken und Sein, das Mystische und das Rationale

Ekstase

Tillich hält die hypostasierte absolute Form für nicht religiös (vgl. EW XII 580). Das ist selbstverständlich, seitdem Kitarō Nishida (1890-1945) in Japan die platonische traditionelle Philosophie als Metaphysik bis zu Hegel und die christliche Theologie als zwei Stützen der europäischen Kultur auf dem Grund des Substanziellen bzw. Hypostatischen erkannte, – ähnlich wie Martin Heidegger (1889-1976) und Rudolf Bultmann (1884-1976) in Deutschland und A. N. Whitehead (1861-1947) in England bzw. USA.

Jedoch ist das Unbedingtheitserlebnis bei Tillich die Offenbarung im Bewusstsein und stets auf eine absolute Realität bezogen (vgl. EW XII 580). Diese Realität aber ist die Form und deshalb auch das Denken, während sie als Selbst-Identität zwischen „Selbst und Welt" bei Nishida erst im Feld des absoluten Nichts realisiert werden kann, und die Realität als Spiegel-Spiel im Geviert bei Martin Heidegger erst durch das Sich-Ereignen des Seins ermöglicht wird.

Bei Tillich kann die Realität nur in der Form erfahren werden. Jedoch kann die Heiligkeit der Form einerseits nur durch die Form ausgedrückt werden; anderseits kann aber die Realität nur in der unbedingten Negativität vor dem Unbedingten entstehen. Deswegen ist die Profanisierung des Lebens mit der Form und dem Leben in ihrer Doppelheit verwandt, die der Realität als dem Gehalt des Unbedingtheitserlebnisses widerspricht. Diese kontradiktorische Tatsache zwischen Form und Denken, der Heiligkeit der Form in der Form und der Profanisierung des Lebens, bedeuten nach Tillich Folgendes: Der Gehalt offenbart sich dort am meisten, wo die Form sich selbst überwindet (vgl. EW XII 580f.). Diese Paradoxie des Gedankens ist dem Menschheitsbewusstsein in Form des Supranaturalismus bekannt. Denn das Reale hätte von sich aus keine Form, die den anderen Formen gegenübertritt, und ein Realitätserlebnis wird nur im Weltbewusstsein konstituiert. Tillich nennt das reine Gehaltserlebnis, das aus der Form hervortritt, „Ekstase". Die ekstatische Vorstellung bedeutet den Mythos, das ekstatische Handeln Kultus, die Ekstase aber kann supranatural und paradox sein.

Mit einer solchen systematische Definition des Mythos, des Kultus und der Ekstatik, die aus den Vorlesungen von 1922/23 auf dem Grund der Identität wesentlich breiter und tiefer ist als die Synthesis oder Einheit der Polaritäten während seiner Vorlesungen im Jahre 1920, werden nicht nur Subjektivität, sondern auch die rationale Mythologie als Mythologie verstanden und metalogische und mystische Qualitäten im Sein und im Einen als rationale Kategorien gefunden. In diesen Vorlesungen versteht Tillich die Polaritäten wie Denken und Sein, das Mystische und das Rationale, Form und Gehalt, das Rationale und das Irrationale und schließlich Kultur und Religion paradoxerweise identisch. Die auffallende Differenz zwischen den Vorlesungen von 1920 und 1922/23, d. h. zwischen der dialektischen Identität als Synthese von „Denken und Sein" und der paradoxen Identität (als Tathandlung) von „dem Mystischen und dem Rationalen", betrachten wir als die zweite Entwicklungsstufe eines offenen Systems.

Gott als das Symbol des Unbedingten oder als Symbol der Realität

Tillich geht in seiner Religionsphilosophie vom paradoxen Unbedingtheitserlebnis aus (vgl. EW XII 2) und dieses Erlebnis bleibt bis zum Ende seiner Religionsphilosophie, das heißt, lebenslang. In den Vorlesungen von 1922/23 versucht er die Einheit der Erkenntnis mit den theonomen Formen, die Rationalität, die von den reinen Formen hervorgebracht wird, und die Tatsache, dass diese reinen Formen durch den Gehalt des Unbedingtheitserlebnisses durchbrochen werden, wissenschaftlich zu ergründen, obwohl diese Dinge in den Vorlesungen von 1920 noch nicht erörtert wurden. All das wird nicht nur wissenschaftlich, sondern ebenso als Funktion in der Dimension des Geistes erörtert. Tillich versucht das Gotteserlebnis als *Ekstasis,* das heißt, als Unbedingtheitserlebnis, zu erklären. Zwischen den Sommervorlesungen und den zwei Jahre späteren Vorlesungen im Wintersemester befreit Tillich sich vom Schlagwort des Kritizismus bei Kant, von der rein empirischen psychologischen Methode Schleiermachers und der spekulativen Psychologie Schellings und kommt zu dem Schluss, dass kritische Erkenntnistheorie und Mystik in paradoxer Weise identisch sind.

Für Tillich ist die Mystik eine Religionsform, die sich in den meisten historischen Religionen findet (vgl. EW XII 583). Obwohl in der Mystik das Bewusstsein jedes Individuums im Einswerden mit der Gottheit erfahren wird, gehört die Mystik zu keiner speziellen Religion. Deshalb ist es für Tillich nicht wichtig, weder die Kulturreligion, deren Zentrum der zur Form gewordene Kult ist, von der weltlichen ethischen Religion noch die Naturreligion, deren Kern die Natur ist, von der Kulturreligion, deren Kern der Kult ist, zu trennen.

Bei Tillich gelangen Natur, Kultur und Religion zu einer zunächst hegelianischen dialektischen Synthesis, im Folgenden dann zur Identität der Polaritäten, die uns an die Identitätsphilosophie zwischen Natur und Geist bei Schelling erinnert. Diese Identität der Polaritäten bei Tillich führt in dieser Zeit in diese Richtung und wird in der späteren *Systematischen Theologie* zur „Realität" vertieft und erhöht, die schließlich paradoxerweise mit dem reinen Gehaltserlebnis eins wird und zur paradoxen Identität zwischen dem Irrationalen als der *Ekstasis* und einer a priori rationalisierten Form (= Ausdruck) gelangt.

Theonome Symbolik

In den Wintervorlesungen 1922/23 werden einerseits die Konkretion als Personalisierung des mystischen Gottes durch den Vermittler Jesus am Kreuz und seine neutestamentliche-paradoxe Aufhebung und Unbedingtheit als der Sohn Gottes beschrieben. Andererseits werden das Eine und das Sein mit metalogischen Qualitäten als Entwicklungsform der rationalen Mythologie statt des einzelnen Dinges bejaht. Am Ende stößt Tillich zum Gedanken des Symbols des Unbedingten vor. Die paradoxe Einheit bzw. Identität zwischen jener Konkretion, der Unbedingtheit und ihrem Symbol in der Subjektivität als einer Seite der menschlichen Vernunft und der Aufnahme der Natur in die ideale Form gelangt zuerst zur Aufnahme des konkreten Paradox als die griechisch-platonische Logoslehre und wird schließlich als Identität, als christliche Synthesis, realisiert.
Solche Überlegungen kristallisieren sich in Tillichs Vorlesungen vom WS 1922-23 in Gott, der als Unbedingtheitserlebnis realisiert wird, oder Gott als Symbol des Unbedingten. Jedoch findet sich diese Originalform schon im folgenden Zitat: „Gott ist nicht fixierendes Objekt, sondern ein Akt der Realisierung; Gott kommt zur Existenz in jedem religiösen Akt" (EW XII 416). Tillichs Polaritäten – „Denken und Sein", „Mystisches und Rationales", „Gehalt als Unbedingtheitserlebnis und Form als Ausdruck des Unbedingtheitserlebnisses" – können in Gott, der im Unbedingtheitserlebnis realisiert ist, das heißt, im Akt der Realisierung des Paradoxen als Gott, der das Symbol des Unbedingten ist, paradoxerweise identisch sein. In dieser Identität sollten die Subjektivität jeden Individuums und Gott als Akt der Realisierung in paradoxer Identität entstehen. Darin entsteht dann die Theonomie. In dieser Theonomie scheinen „Denken und Sein", „Mystisches und Rationales" und „Gehalt und Form" unendlich in Gott als Symbol, als dem Unbedingten, das heißt im Unbedingtheitserlebnis durch jede Selbst-Verneinung und durch jedes gegenseitige Durchbrechen der Polaritäten verbreitet und vertieft zu werden, hin zu einer paradoxen polaren Identität.

Kapitel 7

Das Problem der Trinität und der Quaternität bei Paul Tillich

Paul Tillich spricht am Ende von *Der Mut zum Sein* (1952) von „Gott über dem Gott des Theismus". Zehn Jahre später fand Tillichs *Culture and Religion* (1962) einen japanischen Übersetzer. Der Band enthalt die Vorträge, die Tillich während seines zweimonatigen Japanaufenthaltes hielt. Am Ende dieser Übersetzung ist davon die Rede, dass er Japan in ihm starke Eindrücke hinterließ, die nicht ohne Wirkung blieben. Das erklärte er folgendermaßen: „Nach Abschluss dieser Reise nach Japan werden westliche Vorurteile, wie man sie als des Ostens unkundiger Mensch hat, weder in meinem Denken noch in meinen Schriftwerken mehr erlaubt sein, soweit ich mir ihrer nur irgendwie bewusst sein kann."
Nach diesen beiden Zitaten möchte ich das Problem der Trinität und der Quaternität bei Paul Tillich bedenken. Dabei müssen wir die Probleme des Pluralismus und der Komplementarität in den Religionen des 21. Jahrhunderts in geeigneter Weise berücksichtigen und auch fragen was es heißt, von der Absolutheit des Christentums abzusehen.

Von der Quaternität

In der *Systematischen Theologie* (Bd. 1, 265) spricht Tillich von Binität, Trinität und Quaternität. Er sagt, dass der Unterschied zwischen der Ostkirche, in der der Heilige Geist vom Vater allein ausgeht, und der Westkirche, in der man bekennt, der Heilige Geist gehe vom Vater und vom Sohn aus (*filioque*), darin bestehe, dass in der Ostkirche die Möglichkeit einer direkten, theozentrischen Mystik offengelassen ist, solange sie der scholastischen Form entkleidet ist (176). Aus der Erörterung des Unterschiedes zwischen Ost- und Westkirche bei Tillich schließen wir, dass er denkt der Heilige Geist gehe allein vom Vater aus, dass er nur eins mit dem Vater sei und nicht unabhängig von ihm. Aus der Verneinung dieser Unabhängigkeit können wir schließen, dass Tillich im Grunde auch die Möglichkeit der Binität von Vater und Sohn bedenkt.
Nun können wir aus der Tatsache, dass Tillich für die Ostkirche die Möglichkeit einer direkten theozentrischen Mystik offenlässt, schließen, dass

auch die Quaternität bei ihm eine Möglichkeit ist. Umgekehrt heißt das, dass die Westkirche, in der der Heilige Geist vom Vater und vom Sohn *(filioque)* ausgeht, den jüdischen Rabbinismus zur Folge gehabt hat, wonach das Vorrecht des Papstes als Stellvertreter Christi aus dem filioque begründet wird. Weiter sagt Tillich, in Männern wie Plotin, Eckhart, Cusanus, Spinoza und Boehme seien mystische und rationale Elemente vereinigt (168). Daraus folgt, dass bei Tillich nicht nur das rationale Element, sondern auch die Möglichkeit einer direkten theozentrischen Mystik gegeben ist.

Neun Jahre nach Veröffentlichung des ersten Bandes der *Systematischen Theologie* reiste Tillich 1960 nach Japan, wo ihn der Buddhismus beeinflusste. Drei Jahre nach der Japanreise erschien der 3. Band der *Systematischen Theologie*. Im 1. Band von 1951 hatte er das Problem der Quaternität nur als Frage der Beziehung des Vaters zu der gemeinsamen göttlichen Substanz der drei *personae* angesehen (265). Im 3. Band hingegen scheint die Quaternität eine direkte, theozentrische, mystische geworden zu sein. Natürlich steht sie nicht im Zentrum seiner Theologie. Jedoch, wenn Tillich Quaternität als die Quaternität von Vater, Sohn und Heiligem Geist und dem von diesem dreieinigen Gott unabhängigen Gott denkt, scheint mir, dass die Möglichkeit des vierten Elements in der Quaternität auch im „Nichts der Gottheit" bei Eckhart oder Gott als Abgrund des dreieinigen Gottes verborgen ist.

Wir meinen, dass der „Gott über dem Gott des Theismus", von dem Tillich am Ende von *Mut zum Sein* (1952) spricht, als direkte theozentrische Mystik zwischen Gott und jedem von uns zu verstehen ist. Eine solche direkte theozentrische Mystik können wir z.B. in der *unio mystica*, dem „Nichts der Gottheit" oder dem „Nichts der Wüste" bei Eckhart finden. Zwar besteht im Nichts der Gottheit bei Eckhart noch ein Residuum von Substanz. Im 21. Jh. jedoch ist ein substanzloser Gott von Nöten. Denn jedem von uns wird in der gegenwärtigen Zeit allmählich bewusst, dass der Mensch im 21. Jh. seit Einsteins Relativitätstheorie, N. Bohrs Quantentheorie und Heisenbergs Prinzip der Unbestimmtheit auf dem Grund von Materialismus und Idealismus lebt, in dem weder ein substanzieller noch ein onto-theologischer Gott, sondern nur wie im Buddhismus ein nicht-substanzieller Gott wirkt.

Tillich versteht Gott als das Sein-selbst, als Grund des Seins, als Seinsmächtigkeit u.ä. Darin ist einerseits ein wirklich nicht-substanzieller Gott verborgen. Andererseits scheint es erlaubt zu sein, Gott als vierte *persona* in der Quaternität bei Tillich als nicht-substanziellen Gott anzusehen,

zumal auch Tillich selbst Gott im mystischen Verständnis als Abgrund bezeichnet (ST 1, 186, 205, 289). Überdies können wir, die wir in einer Welt leben, in der die neue Physik herrscht und Relativitätstheorie, Unbestimmtheitstheorie und Quantentheorie gelten, nicht mehr an einen rein substanziellen oder rein persönlichen substanziellen Gott glauben, wie auch Nietzsche schon sagte, dass Gott tot ist und wir Gott getötet haben.
Ich möchte daher erörtern, wie wir die Relation zwischen Gott in der Trinität und Gott als Abgrund in der Tillichschen Quaternität denken und verstehen können.

Sinn der Tillichschen Quaternität in der Gegenwart

Wie oben erwähnt, ist Gott in der Quaternität bei Tilllich als Abgrund des altchristlichen trinitarischen Gottes non-substanziell und deshalb zu unterscheiden vom traditionellen altchristlichen trinitarischen substanziellen Gott. Bei Tillich ist Gott dreierlei:
1. Gott in der Trinität, d. h. als eine *persona* neben Sohn und Heiligem Geist,
2. Gott als Abgrund des traditionell-christlichen trinitarischen Gottes (d. h. Gott in der Quaternität),
3. Gott, von dem allein der Heilige Geist ausgeht und in dem Jesus als Christus nicht als absolut angesehen wird (d. h. Gott in der Binität).

Bei Tillich ist es möglich, dass Gott als Abgrund des traditionell-christlichen trinitarischen Gottes und Gott im erwähnten dritten Fall, in dem nur Gott als absolut angesehen wird (nicht aber Jesus als Christus), als selbstidentisch gedacht wird. Tillich verneint nicht das Geschehen an Christus, Inkarnation, Kreuzigung und Auferstehung, wenn er behauptet, dass die Wirkung des Heiligen Geistes durch das Geschehen an Christus transparenter wird. Doch wenn Christus als nicht-absolut angesehen wird, heißt das, dass Gott als Abgrund des trinitarischen Gottes im oben genannten zweiten Sinn und Gott im oben genannten dritten Sinn selbstidentisch ist. Nicht nur dieser selbstidentische Gott, sondern auch das Feld des absoluten Nichts beim japanischen Philosophen Kitarō Nishida sowie das Sein selbst, das im Geviert aus Himmel, Erde, Sterblichem und Göttlichem bei Heidegger entsteht, sind derart geöffnet, dass das Sein-selbst erscheint, indem es sich verbirgt. Dies ermöglicht Gott auch bei Tillich als Abgrund in der Quaternität. Darin aber steckt, so könnte man sagen, die gleiche Tiefe, sei sie ausgedrückt als Sein-selbst, als absolutes Nichts oder Gott als Abgrund. Mir scheint, im Verständnis von Gott in der Quaternität hat Tillich einen Weg gezeigt, den wir gehen sollten, da wir in einer Sackgasse stecken nicht nur hinsichtlich des derzeitigen Christentums, sondern auch hinsichtlich anderer Religionen und hinsichtlich der Beziehungen zwischen dem Christentum und anderen Religionen.

Obwohl die Erforschung der Quaternität bei Tillich zeigt, dass sie nicht nur im Nichts der Gottheit bei Eckhart im mittelalterlichen Europa, sondern auch im Sein-selbst im Geviert bei Heidegger zu finden ist, möchte ich hier der Gemeinsamkeit zwischen der Spiritualität, die in der absoluten Offenheit bei Nishida realisiert ist, und dem Gott als Abgrund in der Quaternität bei Tillich nachgehen.

Zuerst ist zu zeigen, was die ,,absolute unendliche Offenheit" ist die sich als identisch mit dem ,,Feld des absoluten Nichts" bei Nishida verstehen lässt. In der absoluten unendlichen Offenheit wird der Mensch nicht vom Sein, von der Existenz und dem Leben her verstanden, sondern vom Selbst her, das Sein, Existenz und Leben gleichsam subsumiert. Denn das Selbst-Gewahren des Selbst des Menschen in der absoluten unendlichen Offenheit ist zugleich das Selbst-Gewahren aller Dinge und deshalb auch der Welt. In der absoluten unendlichen Offenheit sind alle Polaritäten und Dualitäten eins. Beide Seiten der Polarität und Dualität sind normalerweise in der Dimension des Subjekt-Objekt-Schemas, Gegensätze. Doch in der absoluten unendlichen Offenheit, die die absolute Negation des Ego bedeutet, sind die Dualität und die Polarität im Grunde eins. In ihr, in der auch Mensch, Natur und Transzendenz eins sind, wirkt die Spiritualität jeder Religion. Doch bevor wir die Spiritualität erörtern, die mit Gott als Abgrund in der Quaternität bei Tillich identisch ist, müssen wir klären, was absolutes Nichts ist. Wir können den Terminus „absolutes Nichts" bei Eckhart entdecken. Doch enthält er bei ihm das Residuum des Seins, wenn auch nur in geringem Maße.

Ich gehe von vier Paradigmen des europäischen Denkens aus, die die Beziehung von Sein und Nichts bestimmen:

1. relatives Sein,
2. relatives Nichts,
3. absolutes Sein,
4. *nihil* (als Negation von Sein und Nichts).

Gegen diese Paradigmen hat Nishida das absolute Nichts als 5. Paradigma zum Paradigma des Grundes seines Denkens gemacht.

Hier ist kurz zu zeigen, welchen Platz die vier Paradigmen in der philosophischen Geschichte einnehmen. Wenn das Paradigma des relativen Seins der Grund des Denkens ist und die Phänomene in dieser Welt der Grund des Denkens sind, werden verschiedene Wissenschaften zum Mittelpunkt. Wenn das relative Nichts zum Paradigma des Denkens wird, wird das Nichts als relatives Nichts im Gegensatz zum relativen Sein zum Grund des Denkens, obwohl relatives Sein und relatives Nichts nur mehr Vorder- und Rückseite derselben Sache sind. Hier werden Angst, Verzweiflung, Langeweile etc. im existentiellen und existentialen Denken und der jeweiligen Philosophie zum Zentrum der Probleme des Denkens, der Literatur und der Kunst. Wenn das absolute Sein zum Paradigma des Denkens wird, werden Idee *(idea)*, Wesen *(ousia)* und Form (*eidos*) in der traditionellen europäischen Philosophie von den Griechen bis zu Hegel und Gott als absolute Person oder als Objekt des Gebets zum Problem. Der Hauptstrom der europäischen Philosophie von Sokrates bis Hegel ist auf dieser Grundlage entstanden.
Wenn das *nihil* zum Paradigma des Denkens wird, entsteht z.B. die Philosophie Nietzsches als aktiver Nihilismus. In einer solchen Philosophie werden die zuvor behandelten Paradigmen Nichts als ewige Wiederkehr des Gleichen oder als passiver Nihilismus abgelehnt. Überdies wird das Paradigma des absoluten Seins verneint, wie das Nietzschewort „Gott ist tot" bezeugt.
Normalerweise denken wir in einem der vier Paradigmen. Auch in der gegenwärtigen Welt können wir es nicht vermeiden, in ihnen zu denken und zu leben. Indessen sieht jedes dieser vier Paradigmen sich selbst oder auch zwei oder drei andere Paradigmen als absolut an. Darüber hinaus kann aber keines dieser Paradigmen zugeben, dass jedes von ihnen absolutes Zentrum des Denkens und zugleich nur eine Peripherie neben den anderen ist. Diese Tatsache kann nur das Paradigma des absoluten Nichts anerkennen.
„Absolutes Nichts" ist der zentrale Terminus des japanischen Philosophen Nishida; es ist Ausdruck der buddhistischen Logik des „Entstehens in Abhängigkeit" (*pratītyasamutpāda).* Inhalt des „absoluten Nichts" ist die absolute Selbstverneinung des Ego (der große Tod des Ego) in allen Dingen. Wenn das Ego stirbt, dann wird der Mensch des wahren Selbst gewahr. Das wahre Selbst aber ist das Selbst aller Dinge. Nach dem Tod des Ego benannt lebt es nicht nur im Paradigma des absoluten Nichts, sondern bringt es auch die Denk- und Lebensweisen der anderen vier Paradigmen zur Geltung. Zu seiner Wirkung gehört die Spiritualität. In der realen Welt wirkt

sie als *agapē* im Christentum und als Mitleid oder Barmherzigkeit im Buddhismus.
Der Grund, dass in der absoluten unendlichen Offenheit die Spiritualität wirksam wird, liegt darin, dass in der absoluten Offenheit sich die absolute Negation des Ego vollzieht und Mensch, Natur und die Transzendenz eins sind, obwohl diese drei Dimensionen einander gegensätzlich, kontradiktorisch sind. Die Spiritualität wirkt überall da, wo Mensch, Natur und Transzendenz transparent für einander in Eins entstehen. Das kann christlich im Wirken des Heiligen Geistes oder buddhistisch in der absoluten unendlichen Offenheit ausgedrückt werden.

Spiritualität, Quaternität und Trinität

Wie oben ausgeführt, hat das Quaternitätsverständnis bei Tillich, dass der trinitarische Gott und Gott als Abgrund des trinitarischen Gottes im Grunde eins sind, sehr große Bedeutung für die gegenwärtigen Religionen und das Christentum selbst im 21. Jh., in dem Pluralismus und Komplementarität herrschen. Gott als Abgrund bei Tillich, im Gegensatz zum trinitarischen Gott, kann als Spiritualität verstanden werden, die in allen Religionen wirkt, wenn sie in allen Religionen und Gott als Abgrund in der Quaternität in Eins gedacht werden, so dass es keinen Konflikt mehr mit dem einen und einzigen absoluten Gott im Monotheismus des Christentums geben kann. Wenn Spiritualität in allen Religionen und Gott als Abgrund bei Tillich im Grunde identisch sind und die Quaternität bei ihm anerkannt wird, gibt es keine Konflikte mit dem Absolutheitsanspruch des Christentums gegenüber den anderen Religionen mehr. Der Unterschied zwischen dem Christentum und allen anderen Religionen wird zum Unterschied zwischen der Ausdrucksweise eines Gottes als Abgrund des trinitarischen Gottes und als Spiritualität, was im Grunde dasselbe ist.

Für dieses Kapitel vorwiegend benutzte Literatur:
Paul Tillich, Systematische Theologie, Band I-III, Stuttgart 1951, 1957, 1963.
Ders., Das Ewige im Jetzt. Stuttgart 1963.
Ders., Der Mut zum Sein: Hainburg 1952.
Ders., Theology of Culture, Oxford / New York 1959.
Ders., What is Religion? New York.1925.
Ders., Culture and Religion (Japanische Übers.). Tokyo 1965.
O. Cullmann, Christus und die Zeit. Zollikon-Zürich 1948

Kapitel 8
Transkulturelle Ethik

In diesem Kapitel geht es um eine transkulturelle Ethik. Dabei erörtere ich das Thema im Blick auf fünf Religionsphilosophen: Paul Tillich (1886-1965), Kitarō Nishida (1870-1945), Hajime Tanabe (1885-1962), Keiji Nishitani (1900-1990) und Alfred North Whitehead (1861-1947).

Über die Kultur

Bei **Paul Tillich** (1886-1965) ist Kultur Ausdrucksform der Religion, und Religion ist Inhalt der Kultur[42]. Religion ist unbedingter Sinn - Gehalt und Kultur bedingte Sinn-Form. Die Einheit von Religion und Kultur wird als weder autonom noch heteronom, sondern als theonom charakterisiert (330). Diese Theonomie ist zu verstehen als Erfülltheit aller Kulturformen mit dem Gehalt des Unbedingten. In diesem Sinne ist die Kultur nicht differenziert durch Religion. Bei Tillich wird Religion zum Grund der Kultur, und alle kulturellen Funktionen sind aus einer theonomen Ethik gebildet. Denn die theonome Ethik hat die paradoxe Bedeutung einer transkulturellen Kultur und Modalität[43]. Kultur und Ethik bestehen aus der Theonomie als dem Abgrund[44] in Gott als der Tiefe des Seins.
Kultur im Feld des absoluten Nichts wird in **Kitarō Nishidas** (1870-1945) Religionsphilosophie für die Welt der Form gehalten. Nishida fand eine Andeutung über das Feld des absoluten Nichts im griechischen *„chōra"* (= Feld) in Platons (B.C. 428/427-B.C. 348/347) Werk *Timaios.* Jedoch ist das Feld des absoluten Nichts weder ein substanzielles noch ein statisches oder fixiertes Feld wie Platons *chōra,* sondern ein Feld, das als „ewiges Jetzt", „absolute Gegenwart" oder „ewiges Leben" bezeichnet werden kann. Es entsteht in der Einheit von Zeit und Raum. Der Begriff „absolutes Nichts" geht auf Gautama Buddhas (B.C. 463-383) Begriff „Entstehen in Abhängigkeit" / „wechselseitige Originalität" (Sanskrit *pratītyasamutpāda*, engl.

---

[42] P. Tillich, Gesammelte Werke. Bd. I: Stuttgart 1959, 329, das folgende Zitat im Text ebd.: 330.
[43] P. Tillich, Systematische Theologie. Bd. III: Stuttgart 1966, 305.
[44] P. Tillich, On the Idea of Culture, in: What is Religion? Hg: von J. A. Adams. New York 1956, 186 und 289.

interdependent origination) zurück, was Nagarjuna (ca.150-250) als Leere (Sanskrit *śūnyatā*) erfahren hat.
Nishida hat die beiden Begriffe „Entstehen in Abhängigkeit" / „wechselseitige Originalität" und „Leere" philosophisch „absolutes Nichts" genannt. Dieses Nichts ist als Wirkung bei ihm nicht substanziell und hält den Standpunkt der göttlichen Liebe als *agapē* und Barmherzigkeit nicht für absolut. Es subsumiert vier andere Paradigmata, „relatives Sein" wie im Materialismus, „relatives Nichts" wie in Kierkegaards Angst und Verzweiflung, „absolutes Sein" wie in der christlichen Theologie als Verständnis von Gott und Nietzsches „*nihil*". Diese Vierheit lässt sich gleichermaßen in Orient und Okzident als Grund und Rahmen von Leben, Kultur und Denken anwenden.
Alle vier Paradigmata halten den Standpunkt des eigenen Paradigmas für absolut und verneinen die anderen Paradigmata. Das absolute Nichts, das soweit es die aus den vier Paradigmata entstehenden Welten unterstützt und den eigenen Standpunkt verneint und darum wirkungslos bleibt, kehrt zu eigener Wirkung als absolutem Nichts zurück. Bei dieser Wirkung, vom Standpunkt des alles subsumierenden Eins zum Zero und von der Zero-Wirkung zur Vielfalt der phänomenalen Welt quillt *agapē* als göttliche Liebe und Barmherzigkeit hervor; es ist die Wirkung einer doppelten Verneinung des absoluten Nichts.
In solcher absoluten unendlichen Offenheit als dem Feld des absoluten Nichts wird die Kultur als Welt der Form betrachtet; die Form gehört aber zur Welt der Spezies[45]. Die Form gehört nämlich zum Ausdruck, die vom Feld des absoluten Nichts zur historischen wirklichen Welt determiniert wird. Kultur wird in diesem Sinne durch das Feld des absoluten Nichts gebildet (445): Die Ethik in Nishidas Philosophie der Logik des Feldes besagt, dass wir deswahren Selbst gewahr werden müssen. Gefühl und Wille sind in seiner Philosophie der Grund des Intellektes, und der Intellekt wird auf dieser Grundlage gebildet. Nishidas Philosophie gründet in einer prädikativen Logik, in der nicht das Subjekt, sondern das Prädikat wichtig ist. Ohne allein den substanziellen universalen Standpunkt der Gattung für wichtig zu halten, sind für ihn die beiden Stufen der Gattung und des Individuums gleichermaßen bedeutsam. Dabei ist die Kultur als Abfolge historischer Tatsachen, die auf der Stufe der Spezies geschehen, ein Problem der Ausdrücke, in deren Folge die Stufenfolge von Gattung, Spezies und Individuum eine harmonische Ganzheit bilden.

---

[45] K. Nishida, Werke. Bd. 8. Tokyo 1965, 366.

Die Persönlichkeit kann man im Denken Nishidas für das tiefste Selbstgewahren halten. Kern seiner Ethik sind Loyalität und Eid wie bei der Religion[46]. Die Ethik kann deswegen durch das wahre Selbst im Feld des absoluten Nichts realisiert werden. Es beginnt im Feld des absoluten Nichts mit der „reinen Erfahrung" als religiöser Erfahrung[47]. Man ersieht daraus, dass die Ethik bei Nishida transkulturelle Ethik ist, die jede Kultur in jedem Land und an jedem Ort transzendiert.

Der Religionsphilosoph **Hajime Tanabe** (1885-1962), führte Nishidas Philosophie der Logik des Feldes des absoluten Nichts weiter. Er verstand Kultur auf dem Grund seiner „Logik der Spezies" als Logik des absoluten Mediums. Tanabe zufolge entsteht die Stufe der Spezies aus der Entfremdung der Stufe der Gattung und des Individuums. Die Welt der historischen Wirklichkeit als die Stufe der Spezies und deswegen die Welt der wirklichen Kultur und Ethik spielen die Rolle des Mediums. Diese Medien bringen nicht nur den Gegensatz zwischen Gattung und Individuum, sondern ermöglichen auch die Balance zwischen beiden.

Nach dem 2. Weltkrieg nahm Tanabe das Denken des absoluten Nichts bei Nishida auf und begründete die „Philosophie als Metanoetik" (= Buße). Darin korrigierte er die Spezies von der „Substanz" zum „Prinzip der Verneinung". Trotz dieser Korrektur können Kultur und Ethik bei Tanabe als Grundlage seiner Philosophie gesehen werden. Daher lässt sich bei ihm eine die Kultur und Ethik transzendierende Ethik, deren Kern die Religion ist, nicht finden.

Der Religionsphilosoph **Keiji Nishitani** (1900-1990), Schüler Nishidas und Tanabes im Sinne der Philosophie des absoluten Nichts, versteht die Logik des Feldes des absoluten Nichts als „die Logik der „Leere" (Sanskrit *śūnyatā)* anders als Nagarjuna. Nishitani nimmt auch Tanabes Logik der Spezies in seiner Überwindung des Nihilismus auf, der seit Nietzsche die Welt erfüllt. Nishitanis Denkbemühungen vollziehen sich auf dem Grund der Logik der Spezies als dialektisch absoluter Dialektik. Allerdings kritisiert Nishitani Nishidas Philosophie, weil dieser nicht hinreichend geklärt habe, was für ihn die Philosophie sei, obwohl er doch selbst ein Philosoph war.

Nishitani schätzte Tanabes Philosophie, weil dieser sich unermüdlich um ein Verständnis dessen bemühte, was Philosophie ist, und dabei die Stufe der „Philosophie als Metanoetik" erreichte, was schließlich zu einer

---

[46] K. Nishida, Werke. Bd. 11, 445

[47] K. Nishida, Werke. Bd. 1, 9. „Reine Erfahrung" meint bei Nishida die unmittelbare Erfahrung als Bewusstseinseinheit im Ursprung des noch nicht getrennten Intellekts, Gefühls und Willens.

Veröffentlichung über *„Die Ontologie des Lebens oder die Dialektik des Todes“* führte. Denn der Prozess in Tanabes Philosophie zeigt, was Philosophie ist, und dass die Philosophie auf dem Grund der reinen Vernunft, wie sie im europäischen traditionellen und substanziellen metaphysischen Denken betrieben wird, scheitern muss, wenn sie das Problem der Liebe und des Glaubens überdenkt, wie schon auch Sören Kierkegaard (1813-1855) erkannte.

Nishitanis Denken über den Nihilismus wird durch das negative Medium des Nihilismus zur Philosophie der Leere (*śūnyatā*): von der verstandesbetonten europäischen Philosophie macht er den Schritt zur Philosophie der Leere, indem Kultur und Ethik auf dem Grund der Leere im Kierkegaard'schen Sinne eingefordert wurden.

Nishitani arbeitete bei der Überwindung des Nihilismus mit Tanabes Logik der Spezies und in seiner Logik der Leere mit der Logik des absoluten Nichts. Deswegen findet Nishitanis Logik auch Unterstützung in Nishidas Logik des Feldes des absoluten Nichts. Seine Ethik ist folglich eine transkulturelle Ethik, die jede Ethik in der Welt unterstützen kann.

Kultur bei **A. N. Whitehead** (1861-1947) meint nicht die von der Zivilisation unterschiedene Kultur, sondern Zivilisation im Ursprung der traditionell verstandenen Kultur, aber auch die zeitgenössische technologisch-materialistische Zivilisation. Kern von Whiteheads Zivilisationsbegriff sind die Wahrheit, wahre Schönheit, Abenteuer, Friede[48]. Außerdem wird bei Whitehead Nicht-Sein als Ursprung von nicht nur Irrtum oder Wahrheit, sondern auch von Kunst, Ethik und Religion angenommen[49]. Nicht-Sein, dass Whitehead den Begriffen *chōra* oder *hypodochē* in Platons *Timaeus* entlehnte, ist wie bei Nishida die Wirkung, die die Einheit den Geschehnissen der Natur verleiht (187).

Diese Wirkung kann als das Verhältnis verschiedener ewiger Objekte (189) als Ideen, verstanden werden, damit das Zusammenwachsen (Englisch *concrescence*) von Viel und Eins nicht der Willkür anheimfällt, sondern zur Herstellung einer neuen Gemeinsamkeit gelangen kann (21). Deshalb entstehen auch bei Whitehead Kultur und Ethik auf dem Grund der ewigen Objekte wie bei Tillich, Nishida und Nishitani, aber nicht wie bei Tanabe, bei dem die historische Wirklichkeit eine zentrale Rolle im Grund der Kultur und Ethik spielt.

---

[48] A.N. Whitehead, Adventures of Ideas. New York 1967, 241-283.

[49] A.N. Whitehead; Process and Reality. New York. Corrected edition by D.R. Griffin & D.W. Sherburne. New York 1929, 189, die folgenden Seitenzahlen im Text aus diesem Buch.

Über die Ethik

Bei den genannten fünf Religionsphilosophen spielen Kultur und Ethik als historische Wirklichkeit nur bei Tanabe die Hauptrolle, obwohl sie bei den anderen vier durch die religiös-transzendentale Dimension unterstützt werden. Hier möchte ich kurz besprechen, wie Tanabes transkulturelle Ethik verstanden werden kann. Tanabe begann seine Philosophie mit der Spezies als der Logik des sozialen Seins.

Obwohl er am Anfang die Dimension der Spezies für den substanziellen Grund des Seins hielt, hat er seine Meinung dahingehend korrigiert, dass die Spezies die Rolle eines Mediums zwischen Gattung und Individuum spielen. Anlässlich des 2. Weltkriegs ging er von der Logik des sozialen Seins über zum Welt-Sein[50]. Dabei geriet er in die Klemme der Spannung zwischen den Vereinten Nationen und seiner Amtspflicht als Denker, und damit ins Stocken. In äußerster Verzweiflung kam er zum Selbstverzicht in der Buße, und er veröffentlichte seine *Philosophie als Metanoetik*[51]. Dabei griff er unter dem Einfluss Nishidas den Begriff des „absoluten Nichts" auf, und schrieb in diesem Sinne gegen Ende seines Lebens eine *Ontologie des Lebens oder Dialektik des Tode*s, die erst posthum veröffentlicht wurde.

Tanabes Philosophie kann daher als dialektische Philosophie mit dem absoluten Medium der Spezies charakterisiert werden. Wo er die Stufe des Individuums mit seiner Freiheit und Moral, die Stufe der Spezies mit Streit und Historie und die Stufe der Gattung mit Liebe und Religion charakterisiert, erwähnt er im Religionsbereich den Reines-Land-Buddhismus als die Religion des Individuums, das Christentum als die Religion der Spezies, und den Zen-Buddhismus als die Religion der Gattung.

Die Spezies spielen dabei als absolute Medien immer die Rolle der dialektischen Negation. Die Dialektik Tanabes ist demnach ein praktisches Selbstgewahren, um so sozial, transzendental und spirituell zur Bildung der Gemeinschaft zu gelangen, das aber durch die freie, spontane und solidarische Mitarbeit jedes Einzelnen. In seiner Religionsphilosophie entstehen der Grund und das Zentrum auf der Stufe der Spezies als der historischen Wirklichkeit, die dialektisch absolut verneint wird. Jedoch ändern sich Kultur und Ethik je nach den Zeitumständen und dem geopolitischen Befinden. Deshalb kann eine solche Ethik nicht zu transkultureller Ethik

---

[50] H. Tanabe, Werke. Bd. 10 (Dialektik des Christentums) Tokyo 1963, 8.

[51] H. Tanabe, Philosophy as Metanoetics. Translated by Y.Takeuchi. Berkeley / Los Angeles / London 1986.

werden. In diesem Sinne kommt Tanabe in den folgenden Abschnitten nicht mehr vor.

Über die Natur

In der Welt der historischen Wirklichkeit sind auf dem Grund der Vernunft von Geburt an nicht nur Kultur und Ethik, sondern selbstverständlich auch die Natur zu bedenken.

Kultur ist die Welt der Form, die vom Menschen geschaffen wird, Ethik der Weg, mittels dessen die Menschen gut miteinander leben können. Natürlich ist der Mensch auch ein Teil der Natur, Mensch und Natur bestimmen sich gegenseitig. Das griechische Wort für Natur *physis* besagt etymologisch „von sich her aufgehen", wie Martin Heidegger sagt. Das lateinische Wort *natura*, abgeleitet von *nasci* und enthalten in *natio*; bedeutet etymologisch „geboren zu werden" und bezeichnet „das Wesen der Dinge". Natur bedeutet deswegen, vom Ganzen aus, betrachtet: „Dinge kreativ zu schaffen". Auch in der gegenwärtigen Welt bedeutet Natur natürliches Wesen, Dinge schöpferisch ins Sein zu bringen und zugleich täglich aufs Neue zu leben.

Bei **Paul Tillich** kommt Natur nur mit der Kultur zusammen in Frage[52]. Natur kann bei ihm nur durch das Medium der Kultur bedacht und nur durch die Funktionen des Geistes bedeutsam werden. Seine Theologie der Kultur schließt Natur und Technologie ein. Letztere zeigt sich nur in der künstlerischen, sozial-ethischen und juristischen Interpretation; eine natürliche Theologie lehnt Tillich ab.

Nishida versteht die Natur als geschichtliche Natur[53]. Diese ist für ihn die „Selbst-Bestimmung des ewigen Jetzt" (22). Umgekehrt gesagt, bedeutet geschichtliche Natur bei Nishida, dass jedes Individuum denkt und sieht, indem es zum Ding wird, die Natur ist deswegen in der Offenheit „Eins" zwischen dem Subjekt jeden Individuums und dem Feld des absoluten Nichts als der unendlichen Offenheit, in der sich jedes Individuum befindet. Die Natur ist bei ihm nicht wie bei A. N. Whitehead das Geschehen selbst im Sinne „von sich her aufgehen".

In **Keiji Nishitanis** Philosophie ist die Natur verstanden, wie ich es in diesem Aufsatz vor allem verstehe. Seine Philosophie der Leere (Sanskrit *śūnyatā*): kann man als Phänomenologie der Soheit (Sanskrit *tatha*)

---

[52] P. Tillich, What is Religion? Hg. und übersetzt von N. Yagyi. 1971, 208.

[53] K. Nishida, Werke. Bd. 8, 242, 270; das folgende Zitat im Text mit Seitenzahl ebd.

bezeichnen. Denn damit zeigt sich die Natur durch „unmittelbare Mediation ohne Medium" in der Offenheit des absoluten Nichts, aber nicht durch jedes Subjekt. Diesem Verständnis der Natur liegt der Gedanken Dōgens (1200-1253), aus seinem *Shōbōgenzō* zugrunde.

> „Wasser ist klar bis zum Boden, wo Fische schwimmen wie sie tun. Der Himmel ist weit und hell unbeschränkt, wo der Vogel fliegt als Vogel."[54]

Nishitani sagt, „dass dieses ‚Wie' des Aussehens das wahre Aussehen-wie bzw. die Soheit sei; dass dies das Faktum, dass der Vogel fliege, selber sei und zugleich auch Wissen im Modus der Soheit"[55]. Natur ist bei Nishitani die Wirklichkeit selbst und zugleich das Wissen als „das Denken des Nicht-Denkens" (jap. *hishiryo-no-shiryo).*
„Denken des Nicht-Denkens" bedeutet nicht, jedes Ding objektiv und abstrakt zu verstehen und es danach abstrakt auszudrücken, sondern jedes Ding zu betrachten, indem man dieses Ding wird, und jedes Ding selbst zu sehen, indem man sich des objektiven und abstrakten Denkens entledigt und mit dem Denken als Weisheit denkt. Nach den oben zitierten Worten Dōgens bedeutet Wissen als Weisheit, dass jedes Individuum wie ein Fisch in klarem Wasser schwimmt und wie ein Vogel im weiten hellen Himmel fliegt. In solcher Naturwelt sind wirkliche Welt und wahre Welt nicht getrennt. Mit dem Terminus „Vier Dharma-Welten"[56] der Huayen- bzw. Blütenschmuck-Schule (jap. Kegon-Schule) ist die Welt in der Weisheit eine Welt, in der die Phänomene gegenseitig ohne Hindernisse sind (jap: *rijimuge-hokkai*), jedoch nicht die Welt, in der Phänomene mit dem Wesen gleichgesetzt sind (jap. *rijimuge-hokkai*).
In der Natur der Welt der Weisheit sind Phänomene und Wesen nicht getrennt. In der Welt, in der Intellekt, Gefühl und Wille noch nicht getrennt sind und in der die Gattung als universale Dimension, in der auch die Spezies und das Individuum noch nicht getrennt sind, wird die Natur „hier und jetzt" zum ewigen Jetzt. Es ist die Natur als Soheit (Sanskrit *tatha*), das, was „von sich her aufgeht".

---

[54] Dogen Kigen, The Shobo-Genzo. Bd. I (Zazen-shin). Übersetzt von Y. Yokoi. Tokyo 1986, 145.
[55] K. Nishitani, Was ist Religion? Übersetzt von D: Fischer-Barnicol. Frankfurt 1982, 416.
[56] Vgl. Japanese-English Buddhist Dictionary. Tokyo 1979, 277. Die vier Buddha-Welten sind 1. die phänomenale Welt (ji-hokkai); 2. die wahre Welt (ri-hokkai); 3. die Welt; in der die Phänomene mit dem Wahren identifiziert sind (rijimuge-hokkai); 4. die Welt, in der die Phänomene miteinander ohne Hindernisse sind (jijimuge-hokkai).

Im Naturverständnis **Whiteheads** ist die Natur ein Prozess[57] und als solcher der Durchgang durch die Zeit. Dieser reicht „bis in unser Herz". Denn, er kann nur gemessen werden im Zusammenhang mit dieser Verlängerung. Whitehead versteht Natur als ein „Geschehen", und die Dauer wird für ihn „ein Komplex der partiellen Geschehnisse".
Die Natur als Geschehnisse entsteht bei Whitehead aus dem Zusammenwachsen (englisch *concrescence*) von Viel und Eins wie in allem Seienden der phänomenalen Welt. Die innere Struktur dieses Zusammenwachsens entsteht aus aktuellen Gelegenheiten (englisch *actual occasions*), die zugleich aktuelle Einzelheiten genannt werden in allen Dingen, ausschließlich Gottes. Deren reales Konstruktionselement ist dann das Empfinden (englisch *feeling*). Es gehört der positiven Gattung des Erfassens (englisch *prehension*)[58] an. Im Zusammenwachsen ist der Raum der Entscheidung beim Subjekt-Superjekt.
Im Subjekt-Superjekt wirkt im Konzept der Natur als Geschehnis auch ein positives Erfassen, indem das Subjekt immer als eins mit dem Superjekt entsteht, welches das Subjekt transzendiert. Für Whitehead war die prädikative Logik wichtiger als die subjektive Logik. Doch das Verständnis der Natur ist bei ihm durch ewige Objekte als Ideen vermittelt, die rein potenziell wirken. Ewige Objekte sind „nicht-seiend"

Über die Religion

Bei **Tillich** ist die Religion ein unbedingtes Anliegen (englisch *ultimate concern*). In diesem Sinne müssen beide, das Anliegen und das Objekt des Anliegens transzendent sein. Der christliche Gott ist für Tillich philosophisch die Tiefe des Seins, obwohl er sich nach seinem zweimonatigen Besuch in Japan 1960 dahingehend äußerte, dass er den theistischen Gott transzendiere. Dennoch bleibt Gott für ihn ein substanzieller Gott. Daher kann er nur schwer zu einer transkulturellen Ethik gelangen, weil er Religion und Kultur untrennbar verbindet.
Für **Nishida** ist Religion ein seelisch-innerliches Faktum, dessen Form die Loyalität ist. Der transzendente Gott ist bei ihm der nicht-substanzielle Gott des absoluten Nichts. Am Beginn seines Denkens stand die „reine Erfahrung" als ursprüngliche religiöse Erfahrung. Später formuliert er den

---

[57] A.N. Whitehead, Concept of Nature. London 1964, 53.
[58] A.N. Whitehead; Process (Anm. 8) 8; auch in Prozess und Realität: Übersetzt von H.-G. Holl. Frankfurt 1987, 94; das folgende Zitat im Text ebd. englisch 27f, deutsch 75.

Begriff der „reinen Erfahrung" zunächst als das Feld des absoluten Nichts, sodann als die Welt der historischen Realität und dann als die Welt der *poiesis*, des schöpferischen Fertigens von Dingen.

Die ursprüngliche religiöse Erfahrung im Feld des absoluten Nichts ist bei Nishida zugleich der Grund der Persönlichkeit des Individuums und der Ethik. Deswegen kann die Ethik bei ihm grundlegend für alle Kulturen werden. Wenn auch Leben, Kultur, Denkweisen usw. in jeder Gesellschaft unterschiedlich sind, ist in jedem Falle transkulturelle Ethik möglich, soweit eine ursprüngliche religiöse Erfahrung realisiert werden kann, dass nämlich „Himmel und Erde gleiche Wurzel haben und alle Dinge ein Körper sind", wie Nishida annimmt.

Nishitani definiert Religion als „das reale Selbstgewahren der Realität"[59]. Er folgt damit Nishida und Tanabe, bei denen er ein Mittel zur Überwindung des Nihilismus sieht, der nach Nietzsche den „Tod Gottes" erzeugte. Zudem wurde bei ihm aus Nishidas Philosophie des absoluten Nichts die „Philosophie der Leere".

In Nishitanis Religionsphilosophie wurde Nishidas Philosophie der Welt, in der die Phänomene mit dem Wesen (*noumenon*) identifiziert werden, zu einer Philosophie der Welt vertieft, in der die Phänomene gegenseitig ohne Hindernis (jap. *jijimuge*) sind. Darin geht die substanzielle Philosophie des Lebens unter und wirkt das Denken des Nicht-Denkens (jap.*hishiryo-no-shiryo*). Sobald Ethik sich auf diesem Grund entwickelt, ist eine transkulturelle Ethik möglich.

Bei **A.N. Whitehead** ist die Religion „Welt-Loyalität", deren erste Tugend durchdringender Ernst ist. Welt-Loyalität bedeutet einerseits die Loyalität Gottes zur Welt, andererseits die Loyalität der Welt zu Gott. In Gottes Natur sieht Whitehead drei Arten von Natur: 1. die ursprüngliche Natur Gottes als die Einheit des begrifflichen Empfindens einschließlich des ewigen Objektes, 2. die Natur Gottes, die das physische Erfassen von Gott als der Wirklichkeit des sich entfaltenden Kosmos meint, und 3. die superjektive Natur Gottes, die die transzendente Kreativität der zeitlichen Dinge kontrolliert.

Abschließend ist zu sagen, dass zur Entstehung der transkulturellen Ethik eine die Stufe der Spezies transzendierende Religion die Ethik stützen muss. In diesem Sinne lässt sich auf der Grundlage der Konzeptionen Tanabes und Tillichs nicht so leicht eine transkulturelle Ethik entwickeln. In der heutigen Welt, in der wir uns um die Folgen der Atomkraftwerksunfälle in

[59] K. Nishitani, Was ist Religion? (s. Anm. 14) 44.

Tschernobyl, Three Mile Island und dem japanischen Fukushima sorgen, um Umweltverschmutzung und radioaktive Verseuchung, um Testzündungen von Atom- und Wasserstoffbomben und die dadurch hervorgerufenen Genmutationen sowie um heutige Erberkrankungen, ist es wichtig, dass wir eine Grundlage für unser Verhalten finden, wie sie von Hajime Tanabe und Paul Tillich gedacht werden.

Doch genauso wichtig ist, dass es eine die Stufe der Spezies transzendierende religiöse Erfahrung gibt, die im Einssein von Individuum und Universalem entsteht und die Stufe der Spezies unterstützt. Denn die Stufe der Spezies muss sich je nach Situation, geographischer Gegend und Zeit ändern. Die ursprüngliche religiöse Erfahrung könnte uns gemeinsam sein, weil jeder Mensch auf der Welt eine ursprüngliche religiöse Erfahrung machen kann, – die Erfahrung, dass „Himmel und Erde die gleiche Wurzel haben und alle Dinge ein Körper sind".

Kapitel 9

Menschenrechte im Buddhismus

Einleitung

Der Buddhismus wurdet bekanntlich von Buddha Siddhartha Gautama (ca. 4-5 Jh. v. Chr.) gegründet. Kern der buddhistischen Lehre sind die Kausalgenese (Skt.: *pratītyasamutpāda,* jap. *engi*)[60], die vier edlen Wahrheiten (Skt.*: catvary aryastyani,* jap.: *shitai*) und der edle achtfache Pfad (Skt. *aryastanigika-narga.* jap.: *hasshodō),* den der Buddha vorgelebt hat. Er stammte aus Nordindien und hatte etwa im Alter von 35 Jahren seine Erweckung oder Erleuchtung, die er dann an bis zu seinem Tod als seine Lehre verbreitete.
Nach Buddha war Nagarjuna (ca.150-250), ein bedeutsamer Vertreter des Buddhismus, der die Kausalgenese als Leere (Skt. *śūnyatā,* jap. *kū):* erfahren hat und diese Erfahrung in seinen Werken weiterverbreitet hat.
Der praktische Ansatz des Buddhismus sind die vier edlen Wahrheiten: 1. das Leiden (Skt. *dukkha-satya,* jap. *kūtai); 2.* Illusion und Wunsch (Skt. *samudaya-satya.* jap. *jittai);* 3. Überwindung des Leidens (Skt. *nirodha-satya,* jap. *mettai),* 4. der edle Weg (Skt. *marga-satya,* jap. *dōtai,* die Erreichung von Nirvana). Die Wahrheiten sagen: Die Welt ist eine Welt des Leidens; dessen Ursachen sind die Vergänglichkeit der Welt und das Hängen

---

[60] Die zwölfgliedrige Kausalgenese (jap. *jyunishi-engi*) zeigt, dass das Leben des Alltagsmenschen an folgende zwölf Bedingungen geknüpft ist: 1. *Avidya* (jap. *mumyo*) Finsternis, Unwissenheit als Wesen des Irrtums, 2. *Samskara* (jap. *gyo*), Tat, die aus der Finsternis das Bewusstsein hervorbringt, 3. *Vijnana* (jap. *shiki*); Bewusstsein, die erste Empfindung des Empfangens, 4. *Namarupa* (jap. *myoshiki*), Name und Form, die Stufe, auf der Herz und Körper im Mutterleib wachsen, 5. *Sad-ayatana* (jap. *rokunyu*); die Stufe der 6 Sinnesorgane, die im Mutterleib entstehen, Augen, Ohren, Nase, Zunge, Körper und Bewusstsein, 6. *Sparsa* (jap. *soku*), Berührung, in der man die Dinge berührt, ohne das Leiden von der Bequemlichkeit zu unterscheiden, im 2. und 3. Lebensjahr, 7. *Vedana* (jap. *ju*), Empfindung, in der man Leiden und Bequemlichkeit empfängt, ca. im 5. und 7. Lebensjahr, 8. *Trsna* (jap. *ai*); auf dieser Stufe sucht man das Leiden zu vermeiden und die Bequemlichkeit in verschiedenen Begierden, im 14.-15. Lebensjahr, 9. *Upadama* (jap. *shu*), Anhänglichkeit; sie zählt zu den Objekten der Begierde, 10. *Bhava* (jap. *u*), Existenz, auf dieser Stufe treffen sich die Vergeltung der Zukunft mit den Stufen *trsna* und *upadama.* 11. *Jati* (jap. *sei*), Leben. 12. *Jana.marana* (jap. *rou.shi*), das hohe Alter und der Tod.
Die genannten Stufen der Genese beschreiben den Ursprung der Vergangenheit, die Folgen in der Gegenwart und die Zukunft. Vgl. Bukyogakujiten. Kyoto 1974, 235; Bukyojiten: Tokyo 1989, 298.

an den Dingen; man kann das Leiden überwinden, wenn man zum achtfachen Pfad gelangt, der zur Erleuchtung führt: rechtes Erkennen; rechte Absicht, rechtes Reden, rechtes Handeln, rechter Lebenserwerb, rechte Übung, rechte Achtsamkeit, rechte Meditation.
Nagarjuna zeigt in seinem Verständnis der Kausalgenese und der Leere, dass die Schöpfung nicht substanziell ist. Denn die Buddha-Natur und die Selbstnatur (jap. *jisho*), wie sie auch im Zen-Buddhismus verstanden wird, besagt, dass alles Sein Nichts ist. Deswegen sind die Buddha-Natur und die Selbstnatur in der ganzen Schöpfung nichts anderes als Nichts. Die Selbstnatur jedes Menschen ist deshalb das Nichts, wie es Buddha und auch der Lehrer des Zen-Buddhismus Dōgen Kigen (1200-1253) gelehrt haben: Alles empfindende Sein ist der Buddha-Natur eingeboren; Nichts ist[61]. In diesem Sinne ist die Selbstnatur jedes Menschen auch die Buddha-Natur und damit das Nichts[62]. Die Buddha-Natur ist das Wesen Buddhas und wird *tathagata-garba* (jap. *Nyorai*) oder Selbstnatur-Wahrheit (jap. *kakushō)* genannt. Als Nichts bedeutet sie, dass sie weder ewig noch universal, oder unveränderlich ist, sondern nicht-substanziell.
Das lässt sich mit folgender Erzählung erläutern: Jyoshu (778-897) fragte, ob auch in einem Hund die Buddha-Natur sei. Darauf antwortete der Priester „*Mu*", „Nichts". Dieses „Nichts" bedeutet das nicht-substanzielle Nichts, das die Welt der Kausalgenese unterwirft, aus der alles Sein entstanden ist.
Japans erster Philosoph im westlichen Sinne Kitarō Nishida (1870-1945) nennt das Nichts das absolute Nichts, wobei er das Nichts des Zen grundlegend überdenkt. In seiner Philosophie des absoluten Nichts erklärt er das Nichts auf der Grundlage des Selbst-Gewahrens. Jedes Individuum muss sich der Buddha-Natur als absolutes Nichts gewahr werden. Dies wird möglich mit Hilfe verschiedener Übungen (jap. *dō*, Weg): Dazu gehören die Kunst des Blumensteckens (*Kadō* oder *ikebana);* die Teezeremonie (*Chadō* oder *Sadō),* das Bogenschießen (*Kyūdō);* die Schwertkunst (*Kendō),* vor allem aber religiöse Gebete, die Übung der Za-Zen und andere Übungen, die zu wahren Selbstgewahrnis führen.
Der Mensch wird in eine Welt des Leidens geboren, wie es die erste und zweite der vier edlen Wahrheiten sagen. Er wandelt in Finsternis und endet

---

[61]Vgl. Dogen Kigen, Shōbōgenzō. Shōbōgenzō-zuimonki. Tokyo 1965, 107; The Shōbōgenzō 1, by Y. Yokoi. Tokyo 1986, 2.

[62] Vgl. H. Dumoulin, Der Pass ohne Tor (Wumen-kuan): Tokyo 1953, 9; Z. Shibayama; Zu den Quellen des Zen: Die berühmten Koans des Meisters Mumon aus dem 13. Jh. mit Einleitung und Kommentar. Bern 1976, 31. Das folgende Mu-Koan findet sich bei H. Dumoulin, 9; Shibayama, 31.

in Alter und Tod, beschmutzt von Begierden und dem Verlangen nach weltlichen Dingen, wie es die Kausalgenese zeigt. Für jeden Menschen ist es deshalb nötig zu üben, um des wahren Selbst, der Buddha-Natur gewahr zu werden. Dafür benötigt der Mensch Kenntnis des achtfachen Pfads als des Prinzips unseres Handelns. Erst so gelangt der Mensch zur wahren Selbstgewahrnis und zur Leere. In diesem Sinne versteht man auch, dass es um die Menschenrechte geht, wenn verhindert wird, dass der Mensch die acht edlen Wege beschreitet. Wir können deswegen sagen, dass die Menschenrechte im Buddhismus es mit der Freiheit zu tun haben, den achtfachen Weg zu begehen.

Die Menschenrechte der säkularen Ethik unserer Welt gelten selbstverständlich auch im Buddhismus. Die Menschenrechte sind nach und nach seit der US-amerikanischen Unabhängigkeitserklärung und der Französischen Revolution festgestellt und formuliert worden. Wichtig war für Gerechtigkeit und Frieden in der Welt die Erklärung der Menschenrechte während der Generalversammlung der Vereinten Nationen im Jahre 1948; beides wurde zu einer Verpflichtung für die internationale Gesellschaft.

Auch in der buddhistischen Gemeinschaft gelten die Menschenrechte; wie sie zu jeder Zeitepoche und in jedem Staat geschützt werden. Wenn man aber fragt: „Was sind die Menschenrechte im Buddhismus?", muss die Antwort lauten: Sie werden weder wie die fundamentalen Menschenrechte formuliert, noch lauten sie, wie sie in der Welterklärung der Vereinten Nationen zu finden sind. Für den Buddhismus ist der Begriff der Menschenrechte weiter gefasst und vom Beschreiten des edlen achtfachen Pfads her zu sehen, ohne dass dabei die Menschenrechte des Einzelnen in der säkularen Welt vernachlässigt werden.

Die letzte Erlösung und Befreiung im Buddhismus besteht im Gewahren von zwei Tatsachen: Himmel und die Erde und ich haben den gleichen Ursprung; die Gesamtheit der Schöpfung und ich sind eins[63]. Und: Jedes Einzelwesen ist anderseits absolut getrennt voneinander erloschen.

„Ich allein der Verehrungswürdige in und unter dem Himmel:"[64] Wenn das Individuum so selbstständig ist wie in diesem Zitat und zugleich des wahren Selbst gemeinsam zu allen Wesen gewahr wird, werden die Menschenrechte des Einzelmenschen, der Spezies (Staat, Volk und verschiedene

[63] Vgl. Bi-Yän-Lu. Niederschrift von der Smaragdenen Felswand. Übersetzt von W. Gundert. Bd. 1. München 1973, 504.

[64] Ebd. Bd. 2, 143.

Gruppierungen) wie auch der gesamten Menschheit geschützt. Wir können daher verstehen, dass die Menschenrechte im Buddhismus ursprünglich mehr als nur ethisch gedachte Rechte sind. Das zeigt auch das Beispiel des indischen Morallehrers, Asketen und Pazifisten Mohandas Karamchand Gandhi (1869-1948). Wir wissen, dass er die Selbstregierung Indiens, wahre Freiheit und wahre Erlösung der Individuen, Spezies und der ganzen Menschheit so ernsthaft gewünscht hat, dass er um Widerstandlosigkeit, Gehorsam und Mitarbeit bemüht war und am Ende von einem radikalen Hindu niedergeschossen wurde.
Wir suchen nun die Menschenrechte im Buddhismus tiefer zu verstehen, indem wir verschiedene buddhistische Beispiele, vor allem aus dem Zen-Buddhismus, bedenken, da Gleichnisse und Erzählungen oft mehr vermitteln als Begriffe und Fachtermini.

Ein Mensch ohne Rang (jap. *ichimui no shinnin)*

Im Rinzai-Zen, einer im 12. Jh. von Linji Yixuan (?-867; jap. Rinzai Gigen) gegründeten Lehrtradition finden wir folgende Bemerkung: „Unter deinem Klumpen von rotem Fleisch ist ein wahrer Mensch ohne Rang, der immer ein- und ausgehend vom Gesicht ist, in jedem von euch. Die Leute, die ihn nicht erlebt haben, siehe, siehe."[65]
Diese Worte sprechen von Folgendem: In allem lebenden Fleisch steckt ein nackter wahrer Mensch ohne Hindernisse, der sich über irdische Grenzen hinwegsetzt. Und dieser mit allem gemeinsame wahre Mensch geht um mit seinen sechs Sinnesorganen, mit seinen Augen und Ohren, der Nase, der Zunge, dem Körper und seinem Willen. Die, die sich dessen nicht bewusst sind, sollten ihm Beachtung schenken.
Der japanische buddhistische Wissenschaftler und Philosoph Daisetsu Teitaro Suzuki (1870-1966) sagt, der wahre Mensch (jap. *nin*) sei ein Individuum und zugleich einer, der die Individualität transzendiert und ein Meta-Individuum ist[66]. Im wahren Menschen werden die Ruhe, die Weisheit und die Tätigkeit eins. Das spirituelle Selbst-Gewahr-werden nennt er „Glauben". Dieser Glaube entspricht dem Selbst-Gewahren der japanischen

[65] Vgl. The Record of Linchi. Übersetzt von R.F. Sasaki. Kyoto 1975, 3; A. Ryonin, Rinzai-roku (Zen no goroku 10). Chikuma 1981, 19f.
[66] D.T. Suzuki, Sämtliche Werke. 1968. Bd. 3, 372.

Philosophen Kitarō Nishida (1870-1945) und Keiji Nishitani (1900-1990) aus der Kyoto-Schule der Philosophie[67].
Nun kann man den Begriff „Menschenrechte" dahingehend verstehen, dass man als wahrer Mensch leben muss. Nach der Lehre der Rinzai-Schule soll der Mensch sich nicht stören lassen, sondern des wahren Menschseins gewahr werden. Dabei geht es nicht um juristische Menschenrechte und Legalität, sondern um natürliche Menschenrechte, die die juristisch einklagbaren Menschenrechte voraussetzen und transzendieren. Es geht um die Übung im Leben mit dem Ziel und der Vorgabe, das wahre Menschsein zu erreichen. In diesem Sinn ist die Möglichkeit der Übung zur Erreichung des wahren Menschen das erste und grundlegende Menschenrecht im Buddhismus.

Bodhidharma und der Friede des Geistes (jap. *Dharma-anjin*)

In Kōan 41 der *Torlosen Schranke des Zens* (jap. *Mumonkan*) finden wir folgende Geschichte: Der Mönch Bodhidharma (440-528) sitzt mit dem Gesicht zur Wand und übt Zazen, die japanische Sitzmeditation. Der zweite chinesische Patriarch Eka (487-593, chin. Huike), der im Schnee neben ihm steht, schneidet in seinen Arm und sagt: „Der Geist deines Schülers hat noch keinen Frieden. Ich bitte dich, mein Lehrer, gib du ihm Frieden." Bodhidharma antwortet: „Bring mir den Geist, und ich will ihm Ruhe geben." Der zweite Patriarch Eka sagt: „Ich habe nach dem Geist geforscht und gesucht; er ist unerreichbar." Der Mönch erwidert: „Ich habe dir vollkommene Ruhe gegeben."[68]
Eka wurde von Meister Bodhidharma als Schüler angenommen, nachdem er mit einem Schnitt in seinen Arm ein Zeichen seiner Entschlossenheit zur Wahrheitssuche, bzw. zur Suche nach dem wahren Selbst setzte. Dennoch kommt Eka nicht zur Herzensruhe, und so bittet er den Meister um Rat. Der Meister empfiehl seinem Schüler daraufhin, sein unruhiges Herz zu finden und es ihm zu bringen. Eka sieht sich indes außerstande, sein unruhiges Herz zu finden. Als Bodhidharma das hört, sagt er zu Eka, dass es ein unruhiges Herz eben nicht gibt.

---

[67] Die Kyoto-Schule der japanischen Philosophie beginnt mit Kitarō Nishida. Nach ihm ist sie von Hajime Tanabe (1885-1962); Keiji Nishitani (1900-1990); Gihan Takeuchi (1913-2002); Koichi Tsujimura (1922-2010); Kansho Ueda (1926-2019) bis in die Gegenwart fortgeführt worden.
[68] Vgl. Z: Shibayama; Quellen (s. Anm. 62) 347.

Die Erzählung zeigt, dass das Herz nicht objektiviert werden kann und es folglich kein substanziiertes unruhiges Herz gibt. Weiter kann damit verdeutlicht werden, dass buddhistisch Seelenruhe weder in der metaphysischen substanziellen ideellen Welt oder im Herzen, sondern in der nichtsubstanziellen alltäglichen Welt besteht. In der juristischen und säkularen Welt ist es dem Schüler nicht möglich, durch eine Verletzung des eigenen Armes Meister im Zen und des wahren Selbst gewahr zu werden. Die Erzählung macht aber klar, worin in Buddhismus die echten Menschenrechte bestehen und wie diese die Legalität der säkularen juristischen Menschenrechte. transzendieren.

Offene Welt – nichts von heilig (jap. *kakunen-mushō)*

Kōan 1 des *Biyan lu (Bi-yän-lu*, Jap. *Hekigan–roku*) bringt ein Gespräch zwischen dem chinesischen Kaiser Wu (464-549, jap. Bu) der Dynastie Liang (502-557, jap. Ryo) und Bodhidharma: Wu-Di fragt den Großmeister Bodhidharma: „Welches ist der höchste Sinn der Heiligen Wahrheit?" Bodhidharma antwortet: „Offene Weite – nichts von heilig". Das meint die Offenheit, die den Unterschied zwischen Heiligkeit und Säkularität transzendiert. In der säkularen Welt ist das Verhältnis zwischen oben und unten in den gesellschaftlichen Stellungen und den Berufen streng ausgeprägt.

Der Kaiser fragt weiter: „Wer ist das Uns-gegenüber?" Bodhidharma erwidert: „Ich weiß es nicht". Der Kaiser kann seiner Weisheit nicht folgen. Daraufhin zieht Bodhidarma weiter nach Wei.

Später wendet sich der Kaiser an den edlen Baudschi und erzählt ihm die Geschichte. Der edle Bauschi sagt daraufhin: „Aber Eure Majestät, Ihr wisst doch wohl, wer das ist oder nicht?" Der Kaiser erwidert: „Ich weiß es nicht." Da erwidert der edle Baudschi: „Das ist der Große Held Avalokiteshvara, der das Siegel des Buddha-Geistes weitergibt." Da bereut es der Kaiser. und er will einen Boten senden, um Bodhidharma zurückzubitten. Der Edle Baudschi aber gibt ihm den Rat: „Eure Majestät sagt lieber niemanden, dass Sie einen Boten schicken wollen, ihn zurückzuholen! Dem könnte das ganze Land nachlaufen, er kehrt doch nicht wieder um."[69]

In dieser Erzählung wird gezeigt, dass die höchste Wahrheit in Buddhismus „Offene Weite – nichts heilig" lautet. Dennoch antwortete Bodhidharma

[69] Vgl. Bi-Yän-Lu (s. Anm. 63) 37.

auf die Frage: „Wer ist das Uns-gegenüber?" ruhig. „Ich weiß es nicht." Danach kehrte er zurück, überzeugt, dass es unnötig sei, mit dem Kaiser weiter ein Gespräch zu führen, da er den Sinn von „Offene Weite – nichts heilig" doch nicht versteht. In dieser Erzählung ist die Gestalt des Bodhidharma sehr lebendig, da er sich auf den acht wahren Wegen übt. Das aber tun die Leute, die sich um die Menschenrechte im Sinne des Buddhismus bemühen.

Nansen tötet eine Katze

In Kōan 14 der „*Torlosen Schranke des Zen*" findet man folgende Erzählung: Einmal stritten sich die Mönche in einem Kloster des östlichen Flügels mit den Mönchen des westlichen Flügels um den Besitz einer Katze. Meister Nansen, Fugen (748-834) hebt die Katze hoch und sagt: „Mönche, wenn ihr etwas im Namen des Zen für die Rettung des armen Tieres zu sagen habt, dann will ich die Katze verschonen. Wenn ihr es nicht könnt, bringe ich die Katze um!" Als kein Mönch etwas antworten kann, tötet Nansen die Katze. Als Joshyu gegen Abend zurückkehrt, erzählt ihm Nansen den Vorfall und fragt ihn nach seiner Reaktion. Da zieht Joshyu seine Sandale aus, legte sie sich auf den Kopf und geht weg. Nansen reagiert mit den Worten: „Wenn du hier gewesen wärest, hättest du die Katze gerettet."[70]

In dieser Erzählung ist kein Mönch fähig, nach der Lehre des Zen zu handeln, um die Katze zu retten. Daher tötet Nansen die Katze. Natürlich ist es in der heutigen Welt nicht erlaubt, eine Katze mutwillig zu töten. Umgekehrt ist es für die Mönche unmöglich, über eine Katze miteinander zu streiten und zugleich des wahren Selbst gewahr zu werden. Die Katze in dieser Situation zu töten ist im Grunde im religiösen Sinne nicht erlaubt. Trotzdem ist für Priester Nansen noch viel wichtiger, dass die Mönche des wahren Selbst gewahr werden können, als dass er durch die Tötung der Katze in die Hölle kommt. In den Menschenrechten im Buddhismus ist es deswegen wichtiger, dass man andere des wahren Selbst gewahr werden lässt, als dass man in seiner eigenen Individualität gerettet wird.

[70] Vgl. Z. Shibayama, Quellen (s. Anm. 62) 132.

Ein wahrer Priester; der sein eigenes Haus verlassen hat (jap. *shin-no-shukkesha)*

Der chinesische Priester Linji, Yixuan (? – 867) spricht „über den wahren Meister, der sein eigenes Haus verlassen hat". Der Mensch, der sein eigenes Haus verlassen hat, muss zwischen Buddha und dem Dämon, Wahrheit und Lüge, Säkularität und Heiligkeit unterscheiden, indem er sich über die wahre Einsicht klar wird. Wenn er das schafft kann er als „wahrer Priester, der sein eigenes Haus verlassen hat", bezeichnet werden. Wenn er aber den Dämon nicht vom Buddha unterscheiden kann, hat er nur sein eigenes Haus verlassen, um in ein anderes Haus einzutreten. Er kann dann ein „Karma schaffendes Geschöpf" genannt werden.[71]

Die Erzählung stellt fest: Der wahre Priester kann zwischen Buddha und dem Dämon, Wahrheit und Lüge, Säkularität und Heiligkeit unterscheiden. Jedoch führt das nicht dahin, dass er nur die Wahrheit und Heiligkeit liebt und die Lüge und Säkularität hasst und verwirft. Der wahre Priester unterstützt beide Seiten mit Mitleid. Der Priester Linji sagt weiter: Wenn wir voraussetzen, dass es Buddha und den Dämon gibt, die untrennbar in einem Körper vereinigt sind, wie die Mischung von Wasser und Milch, trinkt der König vom Ganzen nur Milch, während die Nachfolger des Weges, der zum wahren Dharma führt, vom Dämon und vom Buddha trinken. Wenn ihr die Heiligkeit liebt und die Säkularität hasst, dann sinkt ihr in die See von Leben und Tod.

Die Rettung hat im Buddhismus im Allgemeinen die Tendenz, dass der Mensch die irdische Welt verlässt. Doch während der wahre Priester alle Polaritäten wie Heiligkeit und Säkularität usw. unterscheidet, leben die Menschen in der irdischen Welt im Ursprung zwischen allen Polaritäten und Dualitäten. Deswegen sind die Menschenrechte des wahren Priesters, der im Ursprung aller Dualitäten und Polaritäten lebt, Menschenrechte, die die irdischen Gesetze transzendieren.

Nicht-unterwegs und Nicht-wohnen bei Rinzai

Rinzai (Linji) spricht über „Unterwegs und Wohnen", wie folgt: Ein Mensch ist endlos unterwegs, jedoch lässt er kein Haus hinter sich. Ein anderer Mensch lässt ein Haus hinter sich, ist jedoch nicht unterwegs. Welcher

[71] Vgl. The Record of Linchi (s. Anm. 65) 12.

Mensch gehört der irdischen Welt an und welcher verdient zum Himmel?[72]

Die Geschichte besagt: Ein Mensch ist endlos auf dem Weg der religiösen Übung und lebt zugleich in der Erweckung (jap. *satori*), und ein anderer ist weder in der Erleuchtung noch auf dem Weg der religiösen Übung. Welcher der beiden gehört zur menschlichen Welt und welcher zum Himmel?

Natürlich bleibt nicht jeder von uns kontinuierlich ein wahrer Mensch ohne Rang als wahres Selbst. Dennoch kann jeder von uns als wahrer Mensch ohne Rang leben, wenn er/sie ohne Anhänglichkeit zur Übung und Erweckung und zur Offenheit gelangt, in der allein beides möglich wird, wie es im Vajra-sutra (chin. *Chin-kang-ching*, jap. *Kongōkyō)* steht: Gerade wenn man keinen Platz zu wohnen hat, kann man ein wahres Herz (jap.: *kokoro*) haben[73].

Die Menschenrechte im Buddhismus entstehen, wo man in wahrer Freiheit und in absoluter unendlicher Offenheit ungehindert und frei von aller Anhänglichkeit leben kann. Doch wenn eine Abhängigkeit von den objektivierten, verabsolutierten und substanziiertem Dingen besteht, werden die Menschenrechte im Buddhismus verletzt.

Schlussgedanken

Unsere Überlegungen führen zu folgenden Ergebnissen:
Die Menschenrechte können im Buddhismus so verstanden werden:
Leben

- als wahrer Mensch ohne Rang auf dem achtfachen Pfad,
- in der Seelenruhe im Dharma, die weder subjektiviert noch substanziiert werden kann,
- ohne Selbstbewusstsein der Seelenruhe, im Selbst-gewahr-Werden des wahren Selbst zusammen mit der ganzen Schöpfung und der Erlösung eines jeden zum wahren Selbst,
- als Priester, der im Ursprung aller Dualitäten oder Polaritäten wie Säkularität und Heiligkeit etc. als wahrer Mensch lebt, unterwegs, ohne einen festen eigenen Platz und ohne eigenes Haus, ohne Rang und ohne Abhängigkeit von einem Ort, an dem er behaglich wohnen kann.

---

[72] Devas zeigen die ersten zwei von sechs Welten (Hölle, *Magakagati*, Hungergestalt, *Pretagati*, Tiere, *Tirya-gyonigati*, Wut, *Asuragati*, Mensch, *Manusyagati*, Himmel, *Devagati*).
[73] Vgl. T. Nakagawa, Rokuso-dankyo. Tokyo 1976, 40.

Kapitel 10
Toleranz im Buddhismus

Der Buddhismus und seine Entwicklung

Der Buddhismus wurde bekanntlich von Gautama Siddhartha (566-486 v. Chr., nach anderen Quellen 463-383 v. Chr.) gegründet. Er entstammte dem indischen Adelsgeschlecht der Shakya und hatte einen Sohn. Doch er verließ Frau und Kind und wählte den Stand eines mönchisch lebenden Asketen. Darin suchte er Antworten auf die Fragen und Probleme wie Geburt und Alter, Krankheit und Tod, letztlich einen Weg der Befreiung von allem Leiden.

Im Alter von 35 Jahren kam er zur Erleuchtung. Man sagt auch: Er erwachte zur höchsten Wahrheit, wurde zum Buddha, dem Erwachten, und gewahrte das wahre Selbst. „Buddha" ist wie Christus für Jesus von Nazareth kein Name, sondern ein Titel, der auf seinen neuen Zustand hinweist.

Nach dem Erwachen zur letzten Wahrheit begann eine unermüdliche Lehrtätigkeit, die bis zu seinem Tod mit 80 Jahren andauerte. Mit der Verbreitung der Lehre nahm der Buddhismus seinen Anfang[74]. Weltweit ist Prinz Gautama einerseits bekannt als Shakyamuni, „der Weise aus dem Geschlecht der Shakya", andererseits aber außer mit der Ehrenbezeichnung „Buddha" mit den Titeln „Tathagata", der So-Gekommene, und „Shakyarnuni Buddha".

Die ursprüngliche Lehre Buddhas handelt vom Entstehen in Abhängigkeit (Skt.: *pratītyasamutpāda,* jap. *engi*). Alles ist mit allem verbunden und besteht in wechselseitiger Durchdringung, so dass es kein selbstständiges Ding ohne Beziehung zu anderen Dingen gibt[75]. Jedes Ding ist ein absolutes Zentrum und zugleich ein Punkt an der Peripherie, die den Kosmos umfängt. Im bedingten Entstehen entstehen also alle Dinge in wechselseitiger Durchdringung. Man spricht hier auch von der „Leere" (Skt. *śūnyatā,* jap. *kū);* die weder substanziell noch absolut ist. Diese Sicht geht auf das Herz-Sutra (jap. *Hannya-paramita-shingvō,* Skt. *Prajña-*

---

[74] Vgl. Daijo-butten, redigiert von G. Nagao. 1976; sowie K. Tanaka / S. Kimura; Buddha no Sekai. Tokyo 1992.

[75] H. Nakamura (ed.); Shinbukkyo-jiten. Tokyo 1978, 60.

pāramitā-hrdaya-sutra) zurück, wo es heißt: „Die Materie ist leer, die Leere ist die Materie."[76]

Buddhas Weg zum Erwachen wird auch als der mittlere Weg bezeichnet. Nagarjuna (ca. 150-250) zufolge durchläuft der mittlere Weg den Weg des bedingten Entstehens als Weg durch die alles bedingende Leere[77].

Im Buddhismus gibt es zwei Hauptströmungen: das Kleine Fahrzeug – Hīnayāna – und das Große Fahrzeug-Mahāyāna. Das Kleine Fahrzeug, auch Theravada-Buddhismus (= Schule der Ältesten) oder auch Urbuddhismus genannt, florierte insbesondere in den ersten ein- bis zwei Jahrhunderten nach dem Erwachen des Buddha. In ihm ging es vor allem um die eigene Befreiung vom Leiden. Diese Gestalt des Buddhismus findet sich heute noch auf Sri Lanka. in seiner Entstehungszeit entstanden auch die Schulen des Abhidharma, die sich auf das Studium der Lehren und Gebote konzentrierten und sich in ihren Interpretationen und Verstehensweisen unterschieden.

Im Unterschied dazu ist der Mahāyāna-Buddhismus, der etwa um die Zeitenwende ebenfalls in Indien entstand, nicht nur ein Weg für besonders Auserwählte. Er bietet vielmehr einen Weg an, der unterschiedslos allen Menschen zugänglich ist. Daher nennt er sich im Unterschied zu dem verächtlich als „Kleines Fahrzeug" bezeichneten „Theravada" „Mahāyāna", das Große Fahrzeug. Die ersten Mahāyāna-Buddhisten waren Laienbuddhisten, die sich außerhalb der etablierten Gruppierungen der buddhistischen Mönche versammelten. In ihren Übungen ging es nicht mehr nur um die eigene Befreiung vom Leiden, sondern um das Wohl aller Menschen, ohne Ansehen von Alter und Geschlecht, ohne Rücksicht, ob ein Mensch gut oder böse ist, aus einer höheren Schicht oder als normaler Mensch aus einer unteren Schicht stammt. Der Mahāyāna-Buddhismus breitete sich über Tibet, China und Korea bis nach Japan aus, wo ihm heutzutage fast alle Schulen des japanischen Buddhismus angeboren.

Die Toleranz steht im Buddhismus in untrennbarem Zusammenhang mit den Gedanken der Leere. Ausgehend von der Erkenntnis, dass der Mensch nur durch Geduld (Skt. *ksānti*) als eine der sechs Transzendentalen Tugenden (Skt. *sad-pāramitā*, jap. *rokuharamitsu)* in Toleranz leben kann. Während der Mensch des wahren Selbst erst in der Leere gewahr werden kann, kann er nur mit Geduld in Toleranz leben. Entsprechungen für „Toleranz"

---

[76] Vgl. S. Mitsuyoshi, Churon (= Mira-Madhyamaka Sastra): Bd:3. Tokyo 1984, 651.

[77] Das kleine Herz-Sutra beansprucht nur den Raum einer einzigen Druckseite (262 Schriftzeichen) und handelt vom wahren Wesen der Weisheit und der Wirklichkeit des Selbst-Gewahrens der Einsicht: „Alles ist Leere": Vgl.: Zengaku-daijiten Bd. II. Tokyo 1978,1039.

im Sanskrit sind: saha, *sahistluta* und *ksama;* sie bedeuten die Geduld, die als dritte Tugend zu den *Sad-pāramitā* gehören.
Bevor wir die Toleranz im Mahāyāna-Buddhismus eingehend erörtern, müssen wir die Leere im *Mulamadhyamaka* (jap. *Chūron)* Nagarjunas besprechen und erläutern. wie sie im *Vijnapti-matrata* (jap. *Yuishiki*), auch Yogacara genannt, begründet von Asanga (ca. 310-390) und seinem Halbbruder Vasubandhu (ca.320-400) gesehen wird. Schließlich werfen wir einen Blick auf den esoterischen Buddhismus (jap. *Mikkyō)* Denn die Toleranzkonzeption des Mahāyāna-Buddhismus lässt sich nur im Verständnis der genannten Schulen verstehen.

Die Leere und die Logik der Leere im Buddhismus

Im Hinblick auf das Thema Toleranz im Buddhismus ist das das so genannte Tetralemma von eminenter Bedeutung: Der Satz: „Die Materie ist leer, die Leere, die Leere ist die Materie" nennt den Kern der buddhistischen Bedeutung der „Leere". Er kann mittels der spezifischen Logik der Leere verstanden werden. Nagarjuna hat sie in folgende vier Sätze gefasst: 1. A ist B. 2. A ist nicht B. 3.A ist B und zugleich nicht B. 4. A ist weder <A ist B>, noch <A ist nicht B> Der griechische Begriff „Tetralemma", mit dem diese Logik bezeichnet wird, bedeutet so viel wie „Einsicht durch vier Sätze"[78].
Auch wenn die Sätze, die erklären, was jedes Ding sei, tatsächlich mehr als vier Sätze wären, würden sie, wenn man dieser Logik folgt, trotzdem nicht erklären, was jedes Ding im Kern ist. Die Wahrheit ist im Buddhismus nicht nur als Entstehen in Abhängigkeit zu verstehen, sondern auch als Leere. Im Grunde genommen gilt das für den gesamten Mahāyāna-Buddhismus von der Zeit seiner Entstehung bis zur Gegenwart.
Nach Nagarjuna ist Yogacara als zweites wichtiges Lehrgebäude systematisiert worden. Es geschah auf Anregung des Gründers Maitreya (ca. 270-350) und der Brüder Asanga und Vasubandhu, Die Lehre des Yogacara besagt, dass alle Phänomene, wie wir sie sehen, Konstruktion unseres Bewusstseins, unseres Selbstgewahrens sind[5]. Aus der in Japan Yuishiki-Schule genannten Schule ging die Tathagatha-garba-Schule hervor (jap. Nyorai-zo). Ihre Anhänger vertreten die Einheit von Buddha und jedem Geschöpf (Skt: *sattva*), und wollen, dass der Mensch dieser Einheit gewahr wird.

---

[78] Vgl. T. Yamauchi, Logos und Lemma. Tokyo 1974.

Gegen Ende des 7. Jh. erschien schließlich als letzte Gruppe des Mahāyāna in Indien der esoterische Buddhismus (jap. *Mikkyō*). Grundlegende Texte sind das *Mahāvairocana-sutra* (jap. *Dainichi-kyō*) und das *Vajrasekhara-sutra* (Jap. *Kongocho-gyo*). Im esoterischen Buddhismus baute man eine erhabene Kosmologie auf und lehrte, dass alle Geschöpfe durch Meditation zu Buddhas werden könnten. Der esoterische Buddhismus hält die weltlichen Sorgen für eine Illusion (Skt. *klesa*). In Indien ist der Buddhismus etwa im 13. Jahrhundert untergegangen.

Der Buddhismus in Japan

Der Buddhismus ist, wie zuvor erwähnt, von Indien über Tibet, China und Korea nach Japan vorgedrungen. Prinz Shotoku Taishi (574-622), wurde Buddhist und lud seine Untertanen ein, die Drei Schätze des Buddhismus in Ehren zu halten: (1) den Buddha (jap. *Butsu)*, (2) das Dharma (jap. *Hō)*, die buddhistische Lehre; die Wahrheit, und (3) Sangha (jap. *Sō*); die Gemeinschaft der Mönche. Einen spezifisch japanischen Charakter nahm der Buddhismus in Japan im 12. und 13. Jh., gegen Ende der Heian- und während der Kamakura-Periode, an. Während diesen Epochen kam es zu verschiedenen neuen Schulen.
Das *Madhyamika*-Gedankengut (jap. *Chūgan)* sowie die Lehren des *Vijnapti-matrata* (jap. *Yuishiki*) wurden schon in der Nara-Zeit (710-794) von Persönlichkeiten der Sanron- und der Hossō-Schule aus China importiert. Hinzukamen die Tendai-Schule, die während der Heian-Zeit (794-1185 oder 1192) durch Saichō (767-822) eingeführt wurde, und die Shingon-Schule, die von Kūkai (774-835) vertreten wurde. In Japan selbst entstand in der Kamakura-Zeit (1185-1333) die Nichiren-Schule, gegründet von Nichiren (1222-1282) auf der Grundlage des *Saddharma-pundarika-sutra* (jap. *Myōhō-renge-kyō*). Zu nennen ist sodann die volkstümliche Lehre vom Reinen Land; die Jōdo-Schule, die nach dem Nichiren-Buddhismus bis heute zweigrößte Gruppe des japanischen Buddhismus, in der die Menschen durch die Anrufung des Amida Buddha für sich das Heil erflehen. Schließlich wurde in der Kamakura-Zeit die chinesische Meditationsschule des Ch'an in Japan als Zen bekannt. Alle diese Schulen waren bis auf die Nichiren-Schule letztlich Weltentwickelungen des chinesischen Buddhismus.
Das Problem der Toleranz im Buddhismus wird im Folgenden vor allem vom japanischen Zen-Buddhismus her erläutert. Der Mönch Bodhidharma (440-528) brachte die Zen-Übung in der ersten Hälfte des 6. Jh. von Indien nach

China. Er ist der „Ahnherr" des Zen. Ganz allgemein gesprochen, gibt es sieben Zen-Schulen. Drei dieser Schulen wurden auch nach Japan überliefert. Es sind das: Rinzai-Zen, Sōtō-Zen und Obaku-Zen. Die Rinzai Schule wurde von dem Mönch Eisai (1141-1241) nach einem Studienaufenthalt in China 1168 eingeführt. Sōtō wurde von dem japanischen Mönch Kigen Dōgen (1200-1253) aus China nach Japan gebracht (1223-1227). Das Obaku-Zen wurde in der Edo-Zeit (1603-1868) 1654 durch den chinesischen Mönch Yin-Yüan Lung Ch'i (in Japan als Ingen Ryūki bekannt, 1592-1673) eingeführt, auf Ersuchen seines Landsmannes Shuyu Itsunen (1601-1668) in Nagasaki.
Kern des Zen ist die Unterweisung in ein Leben ohne Abhängigkeit von Sutren und anderen heiligen Schriften, ohne Bindung an Sprache und Worte, unmittelbar vermittelt durch die direkte Beziehung von Herz und Geist im Erkennen der Buddha-Natur in allen Wesen. Zen (Skt. *dhyana)*, die Versenkung, ist ein Weg des Selbst-Gewahrens des wahren Selbst durch Meditation[79]. In den verschiedenen Schulen des Zen findet man keinen entscheidenden Unterschied hinsichtlich der Auffassung des wechselseitigen Entstehens und der Leere. Unterschiede zwischen den Schulen bestehen vielmehr hinsichtlich ihrer Meditationsmethoden und deren Erklärung. Vor diesem Hintergrund erörtern wir nun die Frage der Toleranz im Zen-Buddhismus anhand einiger Fallbeispiele.

Sutren als heilige Schriften im Buddhismus

Im Buddhismus gibt es zahlreiche heiligen Schriften, Sutren genannt. Das Schrifttum ist von Anfang an in verschiedene Bereiche gegliedert worden, zunächst sieben, später neun, dann zwölf Bereiche. Schließlich kam es zu den drei großen Unterteilungen der buddhistischen Regeln und Verordnungen und deren Kommentare (Skt. *Pitaka*)[80].
In Indien wurden die Schriftzeichen zum Weltlichen gerechnet. Daher wurden die Sutren mündlich überliefert. So ergab es sich, dass erst gegen Ende des letzten Jh. vor Chr. die drei Abteilungen – Gesetze, Verordnungen und ihre Kommentare – niedergeschrieben wurden. Im Mahāyāna-Buddhismus wurde das Kopieren der Sutren als Tugend angesehen. Zudem waren sie Gegenstand der Verehrung im religiösen Dienst, zunächst als Stärkung des Glaubens, später einfach als Teil des buddhistischen Rituals. Ihre Bedeutung unterschied sich aber je nach der buddhistischen Schule.

---

[79] Vgl Zengakudaijiten. Bd. II. Tokyo 1978, 1240.
[80] Nihon-kokugo-dajiten. Bd. 8. Tokyo 1972, 82.

Die Toleranz im Buddhismus

Toleranz im Buddhismus bedeutet Geduld bzw. Ertragen

Die erste Lehrrede hielt Buddha nach seiner Erleuchtung auf Wunsch der fünf Asketen, seiner frühesten Gefährten, und fand im Wildpark zu Benares statt. Diese erste Lehrrede Buddhas wird im Japanischen „*Shotenhorin*" genannt. In ihr ging es um das Entstehen in Abhängigkeit und die vier Edlen Wahrheiten (jap. *shishotai*): das Leiden, die Ursachen des Leidens, das Erlöschen des Leidens und der achtgliedrige Pfad zum Nirwana (Skt.: *arya-stangika-marga,* jap. *hasshodō).* Er besteht in rechtem Sehen, rechtem Denken, rechtem Reden, rechtem Handeln, rechtem Leben, rechtem Streben, rechtem Gedenken und rechtem Sich-Versenken[81].

Der Begriff „Toleranz" (jap. *kanyo*) kam erst im Japan der Meiji-Zeit (1868-1913) auf. Als Grund dafür wird zumeist angegeben, dass man sich in Japan der Bedeutung des Begriffs nicht bewusst war. Meines Erachtens ist die Thematik der Toleranz jedoch in der buddhistischen Lehre und Praxis schon lange nachzuweisen. Sowohl im Buddhismus im Allgemeinen als auch im japanischen Buddhismus gibt es Züge, die sich mit der allgemeinen Toleranzthematik überschneiden.

Die Sanskritentsprechungen für den Begriff „Toleranz" sind „*sahanam*", „*sahisnuta*" und „*ksama*"[82]. In den beiden Verben „*sahanam*" und „*sahisnuta*" steckt die Wurzel „*sah*" mit der Bedeutung „überwinden" und davon abgeleitet „geduldig sein", was dann zur Toleranz mit der Bedeutung „geduldiges Ertragen" führt. Im Verb „*ksama*" steckt „*ksam*", „ruhig sein, indem man dem Zorn widersteht". Von hier aus kann man verstehen, dass sich die weiteren Bedeutungen „erlauben", „geduldig sein" und „erdulden" ergeben. Damit zeigt sich, dass die Sanskritentsprechungen zum Begriff der Toleranz es mit der Geduld zu tun haben, mit der man etwas Bedrückendes erträgt. Im Mahāyāna-*Buddhismus* ist die Geduld die dritte der Sechs Tugenden (jap. *Rokuharamitsu,* Skt: *Sad-paramita)*[83] nach Großzügigkeit und Befolgung der Gebote, vor Gewissenhaftigkeit, Meditation und Weisheit, die der Buddhist im täglichen Leben üben soll.

---

[81] Vgl. H. Nakamura (s. Anm. 75) 313; zu pratītyasamutpāda 60, zu den vier edlen Wahrheiten 230, zum achtfachen Pfad 425.

[82] Vgl. Monier-Williams, English-Sanskrit Dictionary. New Delhi 1995, 806.

[83] Vgl. H. Nakamura (s. Anm. 75) 50.

Das Verhältnis zwischen Geduld und Toleranz im Buddhismus

Das letzte Ziel des Buddhismus ist es, dass jeder Mensch des wahren Selbst gewahr wird, das allen Wesen gemeinsam ist. Shin'ichi Hisamatsu (1889-1980), einer der Philosophen der Kyoto-Schule, spricht hier vom „formlosen Selbst"[84]. Wie gesagt, ist die Toleranz im Mahāyāna-Buddhismus semantisch im Wortfeld „Geduld und Ertragen" beheimatet. Um des wahren Selbst gewahr zu werden, ist es die entscheidende Aufgabe der Selbst-Disziplin, Beleidigungen und Verfolgungen geduldig zu ertragen. In der Selbstdisziplin kommt es zum Gewahrwerden des wahren Selbst. Denn erst so kann der Mensch der Entstehung in Abhängigkeit (*pratītyasamutpāda*), und der Leere (*śūnyatā*) gewahr werden. Selbstdisziplin ist der Weg, auf dem der Mensch zum formlosen Selbst gelangt.
Der Weg der Selbstdisziplin wird in vielen Erzählungen anschaulich dargestellt. Einige von ihnen werden wir hier vorstellen, so die Geschichte vom „Ochsen und seinem Hirten"[85], vom „armseligen Sohn des reichen Vaters"[86] im Lotus-Sutra, die Geschichte von „Indras Netz"[87] und die Episode von „Buddha der Blume und dem Lächeln"[88]. Sie alle beschreiben jene Verfassung, in der „Himmel und Erde eine selbst-identische Wurzel haben und alle Dinge ein Körper sind" und in dem Spott, Verachtung und Verfolgung durch die Nicht-Erleuchteten zu ertragen sind.

Geduld als Quelle der Toleranz

Toleranz besteht im Buddhismus nicht in der Nachsicht, mit der man auf gegenläufige Meinungen und andere Religionen reagiert, sondern vor allem in der Geduld, mit der man Mühe und Mühsal erträgt, die vom Ego herrührenden Begierden, das Unverständnis und Verleumdungen von außen

---

[84] Vgl. H. Nakamura, Werke. Bd. 3. Tokyo 1976, 458ff.
[85] Vgl. Der Ochs und sein Hirte. Eine altchinesische Zen-Geschichte, erläutert von Meister Daisohkutsu R. Ohtsu mit japanischen Bildern aus dem 15. Jahrhundert. Übersetzt von K. Tsujimura und R. Buchner, Pfullingen 1958; Manual of Zen-Buddhism by D.T. Suzuki. New York 1960.
[86] Shingebon in Myōhō-rengekyō; vgl. dazu Hokekyō Bd. 1, übersetzt von Y. Sakamoto / Y. Iwamoto. Tokyo 1990, 225-253.
[87] Vgl. Z. Shibayama, Zu den Quellen des Zen. Die berühmten Koans des Meisters Mumon aus dem 13. Jahrhundert mit Einführung und Kommentar. München 1976; Regel 6: Shakyamuni zeigt eine Blume: 77-87.
[88] Vgl. zum Folgenden auch E. Hanaoka, Zen and Christianity. 2008, 28-31. Die Bilder sind auch im Jotenkaku-Museum beim Shokokuji Tempel in Kyoto zu sehen.

aushält. Diese Haltung verbindet sich mit der allgemein gedachten Bedeutung von Toleranz. Alle buddhistischen Lehren, Schulen und Disziplinen zielen auf das Selbst-Gewahren des wahren Selbst, seien sie in ihren Methoden auch noch so verschieden. Allerdings ist die Geduld, die sich in der Tiefe der Toleranz verbirgt und zum Selbst-Gewahren des wahren Selbst führt, auch im gegenwärtigen Mahāyāna-Buddhismus, leider nicht mehr selbstverständlich.

Einige Beispiele buddhistischer Geduld

Die Blume und das Lächeln

Kurz vor seinem Tod erteilte der Tathagata Gautama Siddartha auf dem Geierberge seine letzte Unterweisung. Tausende waren um ihn versammelt. Doch der Buddha schwieg. Nach langem Schweigen nahm er eine kleine weiße Blume in die Hand und hielt sie hoch. Niemand verstand den Sinn dieser Geste. Nur ein einziger, Kashyapa oder Mahakashyapa (jap. *Kasho*), einer der ersten Schüler, die sich um den Buddha geschart hatten, verstand, was hier wortlos gesagt wurde, und lächelte. Er war es dann auch, den der Tathagata mit der Nachfolge betraute. Denn der weise Buddha wusste: Es gibt einen rechten Blick – hinter die Dinge, einen erleuchteten Geist und eine formlose geheimnisvolle Wirklichkeit, die mit den Kommunikationsmitteln wie Wort, Schrift und Unterweisung allein unzugänglich bleiben.
Die Haltung, in der Kashyapa selbstidentisch mit der von Buddha gezeigten Blume lebte, bezeugt eine direkte Nähe von Herz und Geist zum Gewahrwerden der eigenen Buddha-Natur in jedem Wesen, wie der Buddha es mit der Blume und seinem Lächeln kommuniziert. Damit zeigt sich, dass der Kern des Buddhismus nicht im analytischen oder objektiven Denken besteht, sondern dass die Buddha-Natur das Nichts als Leere ist und die Leere die Natur eines jeden Wesens ist. Buddha-Natur, die eigene Natur jeden Wesens und das Nichts sind selbstidentisch. Man muss den Weg dorthin aber in unablässiger Geduld beschreiten, um in jeder Situation so leben zu können wie Kashyapa in seiner aus der Geduld strömenden Toleranz.

Das Gleichnis von Indras Netz

Ein Gleichnis aus der chinesischen Huayan-Schule (jap. *Kegon)* erzählt, im Palast des Vedengottes Mahadevanam Indra sei am Himmel der Welt der

Erleuchtung ein Netz, Indras Netz ausgespannt. In das Netz sind Kristallperlen eingefügt, und zwar in jedem Knoten eine, in der sich das gesamte Netz und alle anderen Perlen widerspiegeln, gegenseitig, vielfach und unendlich. Diese vielfache gegenseitige und unendliche Spiegelung ist ein Bild für das Entstehen aller Dinge in Abhängigkeit, wobei die Dinge weder substanzhaft noch absolut sind. Der Mensch besitzt dabei die Möglichkeit der Geduld, um die Neigung zum eigenen Ego und zu den Dingen dieser Welt überwinden zu können. Diese Geduld erzeugt die Toleranz, die wir benötigen, um mit allem, was sich widerspiegelt, zurecht zu kommen und mit anderen Menschen Gespräche zu führen, auch wenn sie andere Standpunkte vertreten.

Das Gleichnis des armen Sohns und des reichen Vaters

Das Gleichnis vom armen Sohn eines reichen Vaters findet sich im vierten Kapitel, „Erkenntnis durch den Glauben" des Lotus-Sutra (jap. *Myōhō-renge-kyō*). Die Geschichte sieht dem biblischen Gleichnis vom verlorenen Sohn (Lk.15,11-32) recht ähnlich. Der Sohn, in jugendlichem Übermut seinem Elternhause entflohen, endet in der Fremde im Elend. Nach langen Wanderjahren kommt er wieder in sein Heimatland. Der Vater, sehr begütert, lebt inzwischen in einer anderen Stadt. Der Sohn spricht ihn auf eine Arbeit an, doch er erkennt seinen Vater nicht mehr, wohl aber dieser seinen Sohn, der ein halbes Jahrhundert lang verschollen war. Nach verschiedenen Zwischenschritten gelingt es dem reichen Mann, die Elendsgestalt in sein stattliches Haus aufzunehmen und ihm Lohn und Brot zu verschaffen. So geht es zwanzig Jahre lang. Der Vater kennt den Sohn, doch dieser ist wie blind und erkennt den Vater nicht. Als dieser endlich stirbt, findet sich der Sohn, völlig unerwartet, von seinem Dienstherrn als Erbe eingesetzt. Er ist hocherfreut über das Vermögen seines Vaters, und nun erst wird ihm auch mitgeteilt, wer sein Dienstherr eigentlich war.
Aller Reichtum der Welt besteht in den Lehren des Mahāyāna-Buddhismus. Bevor der verelendete Sohn in diesem Gleichnis das ganze Vermögen seines Vaters – gemeint ist damit die Lehre des Mahāyāna – geschenkt bekommt, was er geduldig mit Reinigungsdiensten an unerfreulichen Örtlichkeiten wie Toiletten, Müllkippen u.ä. beschäftigt, um schließlich den Lohn für seine Mühen, d. h. die buddhistische Lehre, zu erhalten. Durch die Geduld, in unangenehmsten Lagen auszuhalten, findet er die Buddha-Natur, das Nichts und damit die eigene Natur.

Die Erzählung von „Ochsen und seinem Hirten"

Vom Zen-Meister Kakuan kennen wir das Gleichnis von „Ochsen und seinem Hirten", wobei das wahre Selbst als entlaufener Ochse dargestellt wird. In einer Reihe von zehn Bildern wird gezeigt, wie man bei der Suche nach dem entsprungenen Ochsen vorzugehen hat.

In Japan ist die Geschichte vom „Ochsen und seinem Hirten", die auf den chinesischen Zen-Meister Kuoan Shiyuan (Jap. *Kakuan*) aus dem 12. Jh. – seine genauen Lebensdaten sind nicht bekannt – zurückgeht, allgemein bekannt[15]. Kakuan beschreibt in dieser Bilderfolge den Prozess, in dem jeder Mensch allmählich sein wahres Selbst, den Ochsen, entdecken kann. Der Ablauf vom ersten bis zum zehnten Bild der Geschichte zeigt auch, dass jede einzelne Stufe, bzw. jedes einzelne Bild gleichzeitig alle Stufen der anderen Bilder enthält. Die zeitliche Entwicklung von einem Bild zum nächsten entsteht selbst-identisch mit der ewigen Tiefe als dem Augenblick, dem ewigen Leben, philosophisch bezeichnet als dem „Feld des absoluten Nichts", wie es Kitarō Nishida ausgedrückt hat.

Die Titel der zehn Bilder lauten: 1) Die Suche nach dem Ochsen, 2) Das Finden der Ochsenspuren, 3) Das Finden des Ochsen 4) Das Einfangen des Ochsen, 5) Das Zähmen des Ochsen, 6) Die Heimkehr auf dem Rücken des Ochsen, 7) Der Ochs ist vergessen, der Hirte bleibt, 8) Das vollkommene Vergessen von Ochsen und Hirten; 9) Zurückgekehrt in den Grund und Ursprung, 10) Das Hereinkommen auf den Markt mit leeren Händen.

Wichtig ist – das sei wiederholt –, dass in jedem Bild, sei es das erste, das sechste oder das zehnte, auch jedes andere Bild enthalten ist. Das Gleichnis verdeutlicht somit, dass jeder oder jedes von allem in diesem Universum einerseits ein absolutes Zentrum ist, andererseits aber nur ein Punkt, der das Universum mitgestaltet. Damit spricht das Gleichnis vom Ochsen und seinem Hirten vom ursprünglichen Entstehen des ganzen Universums in wechselseitiger Abhängigkeit und von der Dimension der Leere, denn die Leere bezeichnet nicht nur die Entstehungsstruktur des Universums in all seinen Dingen, sondern auch die innere Struktur jeden Dinges, wobei jeder Teil der Schöpfung weder substanziell noch absolut ist. In diesem Sinne wird der Nachvollzug dieser zehn Bilder für jeden Menschen zur Lebensaufgabe, in jedem Augenblick des echten wahren Selbst gewahr zu werden. So sind der wechselseitige Ursprung, die Leere und das Individuum ursprünglich eins. Diese Momente beschreiben die religiöse Dimension, die man philosophisch als das Feld des absoluten Nichts bezeichnen kann. Alle Bipolaritäten sind in Nishidas Sprache ein einziges Ding.

Damit verstehen wir, dass Toleranz im Buddhismus nur dann verwirklicht wird, wenn jeder Mensch durch spirituelle Übungen auf die Suche nach dem wahren Selbst geht und wenn er in jedem Augenblick mit der wahren Geduld, durchs Leben geht, die aus der Harmonie von ursprünglichen Entstehen in Abhängigkeit und der Leere entspringt. In dieser Toleranz ist selbstverständlich die Freiheit der Glaubenswahl zwischen Buddhismus und anderen Weltreligionen eingeschlossen. Denn es ist die Grundlage aller Weltreligionen, als Lebensaufgabe jedes Menschen zu künden, dass er sich in seinem wahren Selbst findet.

Kapitel 11

Nishitanis Philosophie und Whitehead

Das Thema ist meines Erachtens deswegen sehr wichtig, weil die Gegenwart eine Zeit der Naturwissenschaften ist, Philosophen oder Religionsphilosophen daher den Einfluss der Naturwissenschaften auf das Leben des Menschen berücksichtigen müssen. Wenn wir die religiöse Dimension mit dem tätigen Selbst die vertikale Dimension und die nicht-religiösen Wissenschaften die horizontale Dimension nennen, leben wir täglich in der Kreuzung dieser beiden Dimensionen. Das können wir philosophisch bedenken, indem wir uns mit beiden Dimensionen auseinandersetzen, zumal wir selbst im Wirbel dieser Auseinandersetzung leben. Das Problem ist, wie diese beiden Dimensionen sich begegnen und wie sie integriert werden können.

In der Gegenwart, in der sich die Naturwissenschaften aufs Äußerste entwickelt haben, kann die Religion weder von der Naturwissenschaft isoliert gelebt werden noch das normale menschliche Leben ohne den Bereich des Heiligen alleinlassen. Die Religion sollte in der Gegenwart so tief wie die unendliche, absolute Offenheit, sein, so dass sowohl die Naturwissenschaften als auch die weltlichen Weltanschauungen in ihr Platz haben.

In diesem Sinne möchte ich die Philosophie der Leere erörtern, wie sie mein Lehrer, der japanische Philosoph Keiji Nishitani (1900-1990), vertreten hat[89]. Er war bemüht, in der absoluten Offenheit zu leben und zu philosophieren. Seine Philosophie möchte ich vergleichen mit Whiteheads Idee der *„consequent nature of God", der* „konsequenten Natur Gottes". Was sich daraus für das Verhältnis von Philosophie und Religion ergibt, wird sich zeigen.

Zuerst möchte ich klären, welche Kritik die Philosophie der Leere enthält, welches Problembewusstsein sie motiviert und welchen Problemen sie nachgeht und welche Lösung sie findet. Danach werde ich die Bedeutung der Philosophie der Leere für die Gegenwart im Vergleich zu Whiteheads Ansatz besprechen. Um die Beziehung zwischen beiden zu verdeutlichen, verweise ich kurz auf die Philosophie Nishidas (1870-1945).

---

[89] Der Begriff „Leere" ist bei Nishitani nicht zen-buddhistisch zu verstehen, sondern vom Zen selbst her. „Zen" ist nicht so sehr eine der verschiedenen buddhistischen Schulen als vielmehr die Kraft, die im Grunde den Buddhismus durchströmt, aber niemals zu einer Form oder Gestalt wird.

In diesen Überlegungen geht es mir um die neuen Möglichkeiten, die Religion und Philosophie in der naturwissenschaftlichen „Zeit" und „Welt" des 21. Jh. haben, sodann darum, wie die absolute Offenheit uns Menschen frei macht für die verschiedenen Formen und Gestalten, die es zu jeder Zeit und in jedem Volk gibt.

Das Problem des Nihilismus in Nishitanis Philosophie

Nishitanis Philosophie ist durch die Auseinandersetzung mit folgenden drei Problemen geprägt: 1. durch die Auseinandersetzung mit dem Nihilismus, 2. durch die Auseinandersetzung mit der Naturwissenschaft und deren Weltanschauung in der Gegenwart, 3. durch die Auseinandersetzung mit Gott, seinem personalen Willen und mit der in der heutigen Naturwissenschaft und Technologie vorherrschenden impersonalen Denkweise. In diesem dritten Problemfeld geht es um die unendliche absolute Offenheit als dem Ursprung beider Dimensionen.

Das zweite und dritte Problemfeld bezieht sich tief auf die erste Auseinandersetzung mit dem Nihilismus. Dieser leitet sich von der Tatsache her, dass zwar alles, Welt bzw. Natur und der Mensch in der Transzendenz ihre Synthesis bzw. Integration fanden, diese aber in der Gegenwart verloren ging und jeder Bereich ohne gegenseitige Beziehung nur für sich existiert.

Bei den alten Griechen, besonders im Hylozoismus, waren Transzendenz (Gott), Welt (Natur) und Mensch durch die Natur, danach in der europäischen Philosophie seit Sokrates bis zum Ende des alten Griechentums durch den Menschen und in der mittelalterlichen Philosophie durch die Transzendenz (Gott) integriert.

Im Humanismus seit Beginn der europäischen Neuzeit, die mit der Emanzipation des Menschen in Italien beginnt, versucht der Mensch, in der schnell sich entwickelnden Naturwissenschaft und Technologie seit dem 17. und 18. Jh. die Natur mit Hilfe immer besseren Wissens zu beherrschen, während Reformation und Gegenreformation die Transzendenz eher unabhängig von den beiden anderen Gebieten betonen. Wenn aber jeder der drei Bereiche unabhängig voneinander an seine Grenze drängt, führt das zum Nihilismus. Dennoch ist nicht zu übersehen, dass jeder der drei Bereiche nicht nur die Kultur, sondern auch die Zivilisation prägt, die unabhängig voneinander in jedem Bereich entsteht. Achtet man aber auf die Kehrseite der je eigenen, getrennt voneinander entstehenden Zivilisationen, gerät man schnell an den Grund der Hölle des Nihilismus, von dem Nietzsche und Heidegger sprechen.

Wir müssen gerade auf die Stimme, die aus der Kehrseite der modernen hoch entwickelten Zivilisation ertönt, hören, die die Notwendigkeit der Integration der drei Bereiche fordert. Diese Stimme scheint darüber Bescheid zu geben, dass erst die Integration der drei Bereiche uns die volle Wirklichkeit erschließt. Für den Bereich der Religion versuchen es aus meiner Sicht Kitarō Nishida und Keiji Nishitani, für den Bereich der Naturwissenschaften Whitehead und Carl Friedrich von Weizsäcker und für den Bereich des Humanismus Viktor von Weizsäcker und Teilhard de Chardin. Sie alle suchen die volle Wirklichkeit in der Integration von Transzendenz oder dem absoluten Nichts, Welt oder Natur und Mensch zu finden, absichtlich oder auch unabsichtlich.

Aus meiner Sicht hat von den Genannten nur Nishitani die Überwindung des Nihilismus bewusst für seine philosophische Lebensaufgabe gehalten. Doch auch die anderen genannte Religionsphilosophen, Philosophen oder Naturwissenschaftler scheinen die volle Wirklichkeit in der Integration der drei Bereiche zu suchen, wenngleich sie auch das Problem der Überwindung des Nihilismus nicht zu ihrem Hauptthema machen. Die volle Wirklichkeit in der Integration der drei Bereiche dürften wie folgt gesucht werden: im absoluten Nichts (bei Nishida); in der Leere (bei Nishitani), im Selbstgewahren von Raum und Zeit durch die Relativitätstheorie, im Kausalgesetz (bzw. Ursache und Wirkung) und in der Quantentheorie (bei Nishida), in der Subjektivität aller Lebewesen (bei V. von Weizsäcker), in *„the actual entity"*, dem aktuellen Wesen aller Lebewesen und aller Dinge (bei Whitehead) und im evolutiv-kosmologisch gebildeten *„divine pleroma*'", im göttlichen Pleroma (bei Teilhard de Chardin).

Das alles scheint auf folgende wichtige Tatsache hinzuweisen, die leicht übersehen wird, solange man versucht, die volle Wirklichkeit nur im je eigenen Bereich zu finden und dabei die Beziehung zu den beiden anderen Bereichen ignoriert. Man erreicht die unendliche absolute Offenheit nur, wenn man alle drei Bereiche – aus der japanischen Terminologie gesagt – in der absolut sich wiedersprechenden Selbstidentität zusammensieht und die Suche nach der vollen Wirklichkeit ernst, ganz menschlich, mit Körper und Herz vollzieht.

Es ist einerseits richtig, dass Wissenschaft und Wissenschaftler auf der ersten Stufe der wissenschaftlichen Forschung streng getrennt werden. Andererseits müssen beide aber immer zugleich als nicht getrennt gedacht werden, weil wir Menschen immer zugleich in beiden Dimensionen leben.

Das gilt dann auch für die Religion. Oberflächlich gesehen, könnte man sagen: Der Mensch lebt in der Religion in einer vertikalen Dimension, während die Wissenschaft rein wissenschaftlich ohne Berücksichtigung des wissenschaftlichen Subjekts zu sehen ist. Natürlich sind die in der vertikalen, religiösen Dimension erreichte Realität und die in den wissenschaftlichen Überlegungen erreichten Ergebnisse nicht dasselbe. Doch die verschiedenen Realitäten müssen sich in jedem Augenblick, in jeder Epoche, zu jeder Zeit irgendwie kreuzen, weil sich im täglichen Leben immer die verschiedenen Realitäten kreuzen. Anders können wir nicht leben. Achten wir also nicht auf die Kehrseite des Lebens, in der sich die von den Wissenschaften erzeugten Probleme zeigen, enden wir im Nihilismus, in dem es keinen Sinn und keinen Zweck des Lebens gibt.
Im folgenden ersten Teil möchte ich zeigen, wie die Transzendenz (Gott) zur absoluten Offenheit wird, wo sie mit Welt (Natur) und Mensch zur sich widersprechenden Selbstidentität gelangt, indem die Religion für die volle Wirklichkeit offen macht. Im zweiten Teil wird dann gezeigt, dass die Natur in der Philosophie Whiteheads zur absoluten Offenheit führt, indem die Natur mit Mensch und Gott in der sich widersprechenden Selbstidentität sein kann, wenn die Natur für die wahre Wirklichkeit offen ist.

Die Herkunft der Philosophie der Leere

Das Hauptthema der Philosophie Nishitanis, der Nihilismus, bezieht sich darauf, dass sowohl er in seinem Leben vor der Philosophie als auch in seiner Philosophie nur in der wahren Integration von Transzendenz (dem absoluten Nichts), Welt (Natur) und Mensch wahrhaft leben und philosophieren kann. Er analysiert den Nihilismus sehr genau in seinem Buch *Nihilismus (*1949) und behandelt die Mystik Meister Eckeharts und Mechthilds von Magdeburg in seinem ein Jahr früher erschienenen Buch *Gott und das absolute Nichts* (1948). Das zeigt, dass Nishtani anders als. Nishida in seiner Philosophie ansetzt, obwohl er Nishidas Logik des Feldes des absoluten Nichts voraussetzt: Ausgangspunkt in Nishidas Philosophie ist die Integration der drei Bereiche, in Nishitanis Philosophie die Wahrnehmung der Trennung bzw. der Spaltung der drei Bereiche, in denen er lebt.
Der Nihilismus scheint aus dem Zusammenbruch der Integration der drei Bereiche zu stammen. In dem Maße, in dem die Spaltung bzw. Trennung der drei Bereiche zunimmt, geraten Mensch und Welt in das Nichts als *nihil* und in die Sinnlosigkeit des Lebens, worauf Nietzsche und Paul Tillich

hinweisen. Es gäbe viele Möglichkeiten, dieses Nichts und die Sinnlosigkeit zu überwinden. So gibt es nach Nietzsche die Möglichkeit, selbst als Übermensch im *amor fati* zu leben, indem der Mensch den passiven Nihilismus in der Wiederkehr des Gleichen zum aktiven Nihilismus verändert. Bei Heidegger kehrt der Mensch in seinem durch die Differenz zwischen Subjekt und Objekt begründeten Denken zu seinem eigenen Anfang (griech. *archē*, lat. *principium*) zurück, sowohl horizontal als auch vertikal. Dabei geht es um die Wahrheit des Seins selbst, und der Mensch wird dabei zum Hüter des Seins.
Nishitani versucht dagegen das Feld der Integration der drei Bereiche mit seiner Philosophie der Leere zu klären und den Nihilismus in der Offenheit des Feldes zu überwinden, das in der wechselseitigen Durchdringung aller Dinge die „Soheit" aller Dinge ermöglicht. Die Welt, die durch diesen philosophischen Ansatz verwirklicht wird, ist die Welt *nach* der Philosophie, wenn wir den Schluss vorwegnehmen.
Das wichtige Moment, durch das die Philosophie der Leere in der Auseinandersetzung mit dem Nihilismus gebildet wird, ist, wie gesagt, die naturwissenschaftliche Weltanschauung, in der die Welt nicht mehr teleologisch unter der Vorsehung Gottes steht.

Die Auseinandersetzung mit der naturwissenschaftlichen Weltanschauung

Die Auseinandersetzung mit der so verstandenen Naturwissenschaft hat schon Heidegger versucht. Er suchte über Naturwissenschaft und Technologie und die Kunst hinwegzuschauen, indem er die Philosophie in ihren eigenen Anfang und Ursprung zurückverfolgte und die Kunst und das Wesen der Naturwissenschaft und Technologie gründlich erforschte[90].
Nishitani geht aber noch einen Schritt weiter als Heidegger. Zwar setzt er sich mit der Naturwissenschaft solange in der gleichen Richtung wie Heidegger auseinander, als er in seinem Philosophieren und seiner Zen-Übung zum vor-philosophischen und nach-philosophischen Standpunkt (im Heideggerschen Sinn) „zurückschreitet". Auch sucht er ein Leben zu erreichen, in dem die „Soheit" (Skt: *tathagata*) entsteht, was mit dem „Andenken" und „Dichten" bei Heidegger verglichen werden kann. Der

[90] Vgl. M. Heidegger, Wissenschaft und Besinnung, in: Vorträge und Aufsätze. Tübingen 1978, 64f.; auch: Die Frage nah dem Ding, ebd. 39f.; Die Zeit des Weltbildes, in: Holzwege. Frankfurt 1963, 88ff.

entscheidende Unterschied zwischen beiden besteht aber darin, dass Nishitani die Auseinandersetzung der Philosophie mit der Naturwissenschaft bis zur absoluten Offenheit des Feldes treibt, wo sich die Welt vor und nach der Philosophie nicht nur absolut kontradiktorisch eins zeigt, sondern auch der Unterschied zwischen teleologischer und mechanischer Welt zum Tragen kommt und so das Feld des Ursprungs beider erreicht wird. Es ist das Feld der Leere, der absoluten Offenheit, in dem alle Dinge sich wechselseitig durchdringen und als Soheit verwirklichen. In diesem Sinne kann Nishitanis Buch *Was ist Religion?* als Auseinandersetzung nicht nur mit dem Nihilismus als Ergebnis der europäischen traditionellen Metaphysik, sondern auch mit Heideggers Philosophie verstanden werden. Nur sollte Gott im Feld der Leere nicht nur persönlich, sondern zugleich unpersönlich, d. h. Gott im Ursprung von Persönlichkeit und Unpersönlichkeit verstanden werden.

Das Problem der Persönlichkeit und Unpersönlichkeit

Nishitani kritisiert am Christentum folgende drei Punkte: 1. den Egozentrismus des Selbst im Sündenbewusstsein, 2. die Eschatologie, die im Zusammenhang mit der christlichen Geschichte gedacht wird, 3. die Ignorierung des Verlangens nach Rationalisierung bzw. der Vernunft, die das subjektive Selbstgewahren der Erbsünde nicht ersetzen kann. Diese drei Kritiken an Christentum markieren zugleich die hauptsächlichen Unterschiede zwischen Zen und Christentum, die sich auch aus der Suche nach einer neuen Möglichkeit für die Religion in der Gegenwart ergeben, die sich nicht im Widerspruch zur naturwissenschaftlichen Weltanschauung befindet. Nishitani hält es nämlich für wichtig und notwendig, dass in der gegenwärtigen und zukünftigen Religion dem Bewusstsein ein Platz eingeräumt wird und dass die gegenwärtige Eschatologie für entscheidender gehalten wird als die zukünftige Eschatologie und dass die Vernunft nicht ignoriert wird.

Der erste Punkt zur Stellungnahme des Bewusstseins besagt, dass das Bewusstsein im Feld der Leere nicht zur Stellungnahme des Bewusstseins, sondern zum Bewusst-sein selbst wird. Das Feld der Leere ist dabei sozusagen eine unendliche absolute Kugel, in der alle Dinge keine Substanz haben, in der das Zentrum überall ist und es keine Peripherie gibt und in der alle Dinge sich wechselseitig durchdringen und voneinander zugleich abhängig und unabhängig sind.

Wenn man so die Stellungnahme des Bewusstseins und Selbstbewusstseins durchbricht und im Feld des absoluten Nichts ist, wird man erst durch den eigenen großen Tod absolut sich widersprechend eins mit der Natur und in dem Feld, in dem Natur und Mensch sich widersprechend eins werden, haben auch Naturwissenschaft und Religion bzw. Theologie und Mechanismus sich absolut widersprechend einen Berührungspunkt bzw. sind sie selbstidentisch.
Die zweite Kritik am Christentum bezieht sich auf das Verständnis der Zeit. In der Stellungnahme des Bewusstseins fließt die Zeit sozusagen von der Vergangenheit zur Zukunft, in der Eschatologie umgekehrt von der Zukunft in die Vergangenheit. Auf dem Feld der Leere beginnt die Zeit mit jedem Augenblick, d. h. mit jeder Gegenwart. Jede Tatsache bestimmt die Tatsache und jeder Augenblick jeden Augenblick. Christlich entsteht damit sozusagen eine gegenwärtige bzw. augenblickliche Eschatologie.
Im Feld der Leere sind Raum und Zeit eins, sie umfasst beides. Hier entstehen die Relativitätstheorie, in der es weder einen absoluten, transzendentalen Raum noch eine absolute transzendentale Zeit gibt., und die Quantentheorie, wo das Raum-Zeit-Schema durchbrochen wird und alles nicht messbar und wiederholbar ist, weil auch der Messende im Raum-Zeit-Verhältnis lebt und sich nach den Umständen des Messens bewegt, diese aber nicht wiederholt werden können; denn die Umstände wiederholen sich nicht, wo Raum und Zeit und Ursache und Wirkung absolut sich widersprechend eins ist.
In der dritten Kritik Nishitanis am Christentum geht es um die Freiheit des Menschen als vernünftiges Wesen, das nach Vernünftigkeit bzw. Rationalisierung verlangt. Es ist das Problem des „Verstehens" und es „Grundes", das Anselm von Canterbury (1033-1109) in die Formeln *„credo ut intelligam"*, *„fides quaerens intellectum"* und *„ratio fidei"* gebracht hat. In der Gegenwart finden wir das Problem des „Verstehens" bei Rudolf Bultmann (1884-1976) in seinem Programm der Entmythologisierung, in dem es auch um die Freiheit des Menschen geht.
Bei Nishitani müssen wir aber Folgendes beachten: Ihm sind die wissenschaftliche Logik und die Naturwissenschaft wichtig, aber er ignoriert die Geisteswissenschaften und die Wahrheit in Kunst und Religion nicht. Vielmehr denkt er diese beiden Seiten der Realität in Welt und Menschen synthetisch und bedenkt aufs Neue, was die Philosophie in der Gegenwart ist[91]. Seine Philosophie der Leere ist ein Versuch, die Wirklichkeit in der

---

[91]Vgl. Hannya und Vernunft, in: Die Gedanken vergleichender Studien des Buddhismus, zusammengestellt von K. Tanaki. 1979, 291.

Stellungnahme der Vernunft und die der wahren Wahrheit in Kunst und Religion zu synthetisieren und nach der Möglichkeit einer für die Gegenwart gültigen Philosophie zu suchen.
Hier klärt sich ein zweiter entscheidender Unterschied zwischen Nishida und Nishitani. Der erste Unterschied besteht zwischen den verschiedenen Ausgangspunkten der beiden. Der zweite Unterschied zeigt sich im unterschiedlichen Verständnis der „Natur". Für Nishida ist die Natur davon bestimmt, dass die Gegenwart Gegenwart ist[92]. Sie ist folglich selber geschichtliche Realität[93] und in diesem Sinne selbst geschichtlich.
Nun gibt es eine kleine kalligraphische Zeichnung mit buddhistischen Hymnen, die auf den chinesischen Zen-Meister Kakuan zurückgehen und den Titel *Der Ochs und sein Hirte* trägt[94]. Das Buch ist eine Einführung in die Zen-Übung. In der 9. Station finden wir eine Zeichnung, die nur die schöne Natur, schöne Blumen und Vögelchen darstellt, – die Natur in ihrer Soheit. Die Natur als Soheit oder im Sanskrit als *Tathata* ist in Nishidas Philosophie nicht so klar, weil er – wie gesagt – die Natur stets als geschichtliche Realität versteht. Die Natur als Soheit wie im 9. Bild des genannten Buches kommt erst in Nishitanis Philosophie zum Tragen, weil dieser klar den Begriff „Natur" in Frage stellt und die Natur als Soheit versteht: Diese dharmahafte Natur und Natürlichkeit aber ist jener Zustand, auf den der Mensch am Ende seines Lebens zusteuert.
Bei Nishida werden Wahrheit und Phänomen, Geist und Material, Logik und Realität als absolut sich widersprechend selbstidentisch verstanden. Bei ihm sind Denken und Sein, Logik und Realität absolut kontradiktorisch selbst-identisch durch den großen Tod, den jedes geborene Selbst stirbt, um dann auf dem Feld des absoluten Nichts wiedergeboren zu werden. Allerdings ist dieses Feld bei ihm nicht so klar wie bei Nishitani, bei dem die absolut sich widersprechende Selbstidentität der Wahrheit mit dem Phänomen grundlos und sozusagen ein freies Spiel wird.
In der Kegon-Schule (chin. *Huayen-tsung*) des Buddhismus gibt es vier Dharma-Welten: 1. die phänomenale Welt, 2. die Welt des Noumenon, 3. die Welt, in der das Phänomen mit dem Noumenon identifiziert wird, 4. die Welt, in der der Einfluss der Phänomene wechselseitig ohne Hindernis ist. Wenn wir Nishitanis Philosophie in der Sprache dieser vier Dharma-Welten ausdrücken, ergeben sich einerseits existentiell und philosophisch

---

[92] K. Nishida; Gesammelte Werke. Bd. VIII, 83.
[93] Ebd. Bd. III, 242.
[94] Der Ochs und sein Hirte. Übersetzt von K. Tsujimura / H. Buchner. Pfullingen 1981, dazu E: Kawamura; Das Christentum und Nishidas Philosophie. Tokyo 1988, 21ff.

folgende drei Stufen: die Welt der Logik, die seit Aristoteles von den Logikern entwickelt wurde und das „Verstehen" und den „Grund" des Anselm von Canterbury enthält, die Welt, in der das Phänomen mit dem Noumenon identifiziert wird wie z.B. in der Hegelschen Übereinstimmung von Sein und Denken auf Grund der Spekulation und die Selbstidentität als absoluter Widerspruch zwischen Logik und Realität bzw. Leben aufgrund des tätigen Selbst. Andererseits versucht Nishitani die Welt zu öffnen, so dass die Phänomene sich wechselseitig ohne Hindernis beeinflussen können. Dieses ist die Welt *nach* der Philosophie, d. h. die Welt, in der die Philosophie die Welt vor der Philosophie gleichsam zurückholt. Dabei ist darauf zu achten, dass sowohl Nishitanis Philosophie als auch die Kegon-Schule durch den absoluten Tod jedes Selbst begründet ist. Dazu ist zu beachten, dass Nishitanis Denken, das die zuvor beschriebene Religion, aber auch die zuvor beschriebene Philosophie transzendiert und in der Erörterung der Leere die die zuvor genannten Unterschiede transzendierende Offenheit entstehen lasst, seine Philosophie ist. Religion ist für ihn das „reale Selbstgewahren der Realität".

Die Philosophie der „Leere" und *„the consequent nature of God"*

Wir haben schon zuvor gesehen, dass, wenn sich einer der drei Bereiche Transzendenz (Gott), Welt (Natur) und Mensch beziehungslos zu den anderen zwei der wahren Realität nähern will, dieser Bereich sich notwendigerweise zur absoluten Offenheit als dem Feld der wahren Integration der drei Bereiche öffnen und die Geschlossenheit und Isoliertheit des eigenen Gebietes überwinden muss.

Wenn z.B. die Naturwissenschaft die wahre Realität erörtern will, indem sie sich nur in ihren eigenen Bereich verschließt und die beiden anderen Bereiche ignoriert, führt das zur Sinnlosigkeit einer solchen Erörterung, weil sie die Transzendenz und den sich mit der Naturwissenschaft beschäftigenden Menschen übergeht.

In Europa ergab sich die Notwendigkeit der wahren Integration der drei Bereiche aus zwei verschiedenen Rücksichten: 1. aus der traditionellen europäischen Metaphysik als Onto-theo-logie im Heideggerschen Sinne, 2. aus der Naturwissenschaft als Produkt dieser Metaphysik. Die Notwendigkeit der wahren Integration in der Metaphysik erfordert den Schritt zurück in den Anfang sowohl horizontal wie vertikal. Diese Erkenntnis ist eine der

Früchte der 2500-jährigen Geschichte dieser Metaphysik. Auf diese Notwendigkeit der wahren Integration in der Naturwissenschaft haben z.B. C.F. von Weizsäcker, der sowohl Philosoph als auch Physiker war[95], als auch Whitehead hingewiesen. In Japan ist Tanabe als Philosoph und Mathematiker zu nennen, der von der Notwendigkeit der wahren Integration in der Naturwissenschaft gesprochen hat.

Für Whitehead sind nicht nur Mensch, Tier und Pflanze, sondern auch die anorganische Substanz als *„actual entity"* entstanden; diese wird aber selbst organisch gedacht. V. von. Weizsäcker möchte „Subjektivität" nicht nur dem Menschen, sondern auch dem Tier und der Pflanze zuzusprechen[96]. Dem folgte auch sein Neffe C.F. von Weizsäcker. Jedenfalls zeigt sich, dass ein Naturwissenschaftler bzw. Wissenschaftler, wenn er außerhalb von Theologie und Religionsphilosophie bei der Erörterung der wahren Realität die Notwendigkeit der Integration der drei Bereiche bespricht, in der Kreuzung von religiöser (d. h. vertikaler) und wissenschaftlicher (d. h. horizontaler) Dimension ernsthaft leben muss. In dieser Kreuzung unterscheidet sich die Erörterung der wahren Realität, wie sie bei einem (Natur-)Wissenschaftler geschieht, notwendigerweise von der der Theologen und Religionsphilosophen. Letztere versuchen die wahre Realität in der vertikalen Dimension zu erreichen, während die anderen Wissenschaftler ihr Ziel auf ihre Weise zu erreichen suchen. Das ist schwieriger und komplizierter. Wir Menschen leben aber notwendigerweise in der Kreuzung von horizontaler und vertikaler Dimension, da wir heute alle unter dem Einfluss der Wissenschaften leben. Ich nehme aber mein Schlussergebnis vorweg: Wir sollten mit der durch die Religion erörterte Realität wie auch mit der durch die Wissenschaften erreichten Realität absolut sich widersprechend selbst-identisch, im Grunde durch den absoluten Tod und die Auferstehung des Selbst, und damit auch durch Tod und Wiedergeburt der Vernunft leben.

Nun ist die Natur Gottes bei Whitehead zweipolig zu verstehen. Die Natur Gottes besteht aus *„the primordial nature of God"*, Gottes uranfänglicher Natur, und *„the consequent nature of God"*, Gottes konsequenter Natur. *„The primordial nature of God"* ist begrifflich zu verstehen, während *„the consequent nature of God"* das Leben Gottes meint[97]. *„The primordial nature of God"* ist die „grenzenlose begriffliche Verwirklichung des absoluten

95 Vgl. C.F. von Weizsäcker, Der Garten des Menschlichen. München 1978, 165ff. 413ff. 420.

96 Vgl. V. von Weizsäcker, Gestaltkreis. Stuttgart 1950.

97 Vgl. A.N. Whitehead, Process and Reality. New York, 345; die folgenden Seitenangaben im Text aus diesem Werk.

Wohlstands der Potenzialität" (343). Sie ist „frei, vollständig, uranfänglich, ewig, aktuell unzureichend und unbewusst" *„free, complete, primordial, eternal, actually deficient, and unconscious"*. *„The consequent nature of God"* wird dagegen zur physischen Erfahrung in der zeitlichen Welt und führt zur Integration mit der uranfänglichen Seite. Sie ist „bestimmt, unvollständig, konsequent, dauerhaft, voll aktuell und bewusst", *„determined, incomplete, consequent, everlasting, fully actual and conscious"* (345).

Das Verhältnis zwischen Gott und der aktuellen Wirklichkeit beschreibt Whitehead so: *„An actual entity in the temporal world is to be conceived as originated by physical experience with its process of completion motivated by consequent, conceptual experience initially derived from God: God is to be conceived as originated by conceptual experience with his process of completion motivated by consequent physical experience, initially derived from the temporal world"* (345).

Gott ist danach nicht vor aller Schöpfung, sondern gleichzeitig mit aller Schöpfung. Und den Prozess in beiden Richtungen versteht Whitehead als „Natur". Diese aber ist für ihn weiter als „ein komplexes System", und die Haltung des Menschen der Natur gegenüber *„behavioristic"*[98]. In Bezug auf das Verständnis der Schöpfung, der Natur und der Tat bzw. der „Tathandlung" des Menschen als des Kerns der Philosophie ähnelt die Philosophie Whiteheads der Nishidas und Nishitanis. Denn bei allen drei geht es um die Offenheit, in der wir die absolut sich widersprechende Selbstidentität der Wahrheit mit dem Phänomen, bzw. der Logik mit den Tatsachen verstehen können.

Allerdings bestehen zwischen den Philosophien Whiteheads und Nishidas Unterschiede. So begründet Whitehead seine Philosophie des Organismus mit seinem Verständnis der *„actual entity"*, die atomistisch und pluralistisch ist, deswegen im Gegensatz zum Begriff „idealistisch" realistisch ist. Dagegen philosophiert Nishida in der Dimension des Ursprungs des sogenannten Realismus und Idealismus und versucht eine durch das absolute Nichts begründete Philosophie zu entwerfen, indem er die Welt der geschichtlichen Realität ursprünglich analysiert und alle Dinge zu verstehen versucht. Für ihn sind der Sehende und das Gesehene im Feld des absoluten Nichts als absoluter Offenheit eins, – dort, wo alle Dinge in der ursprünglichen Integration, d. h.im Ursprung von Pluralismus und Monismus entstehen. Während Whitehead methodisch von der Analytik der atomistischen Struktur und Funktion des Bewusstseinslebens ausgeht und das Wichtigste bei ihm ist, dass die Realität im Prozess der *consequent nature*

---

[98] Vgl. A.N. Whitehead, The Concept of Nature. Cambridge 1993, 163 und 185.

of God, the primordial nature of God und *the superjective nature of God* analysiert wird, geht Nishida methodisch von der Integration von Transzendenz (= dem absoluten Nichts), Welt (Natur) und Mensch aus. Für Nishida ist das Wichtigste, dass alles in der vertikalen Dimension und die horizontale Dimension im Zusammenhang mit der „reinen Erfahrung" als der strengen Einheit des menschlichen Bewusstseins gedacht wird. Zumindest ist der Ankunftsort, auf den beide Philosophen zugehen, die absolute Offenheit: bei Nishida die absolute Offenheit als Feld des absoluten Nichts, wo das Selbstgewahren von Selbst und Welt durch den absoluten Tod des Selbst absolut sich widersprechend selbstidentisch ist, und bei Whitehead die absolute Offenheit, in der die folgenden fünf Verhältnisse zwischen Gott und Welt umkehrbar sein können: 1) Dauer und Schwankung, 2) das Eine und die Menge, 3) die Wirklichkeit, 4) die wechselseitige Immanenz, 5) die Schöpfung[99].

Nishitani geht einen Schritt weiter als Nishida. Er durchbricht die Dimension der absolut sich widersprechenden Selbstidentität und sucht in der absoluten Offenheit zu leben, in der die Soheit als dharmahafte Natürlichkeit sich öffnet und Transzendenz (das absolute Nichts), Natur (Welt) und Mensch in der wahren Integration und zugleich absolut selbstständig voneinander existieren. Eine solche Welt findet man nicht in der traditionellen europäischen Philosophie, sondern nur in einer Welt-nach-der-Philosophie, in der die Philosophie die Welt-vor-der-Philosophie wieder einholt. Es geht um das, was Dogens Vers meint: „Vögelchen fliegen, als ob sie Vögelchen seien, Fische schwimmen, als ob sie Fische seien." Bei Nishitani gehört der Bereich nach der Philosophie zur Philosophie, d. h. zu einer neuen Philosophie, die für ihn die wahre Philosophie ist, die nicht nur die wissenschaftliche Wahrheit im Hegelschen beachtet, sondern auch die Wahrheit in Kunst und Religion enthält.

Abschließend möchte ich die wichtige Ähnlichkeit zwischen Nishtani und Whitehead hinsichtlich des Ankunftsorts als der absoluten offenheit betonen, die erst durch die wahre Freiheit und Kreativität auch in der modernen Naturwissenschaft möglich wird. Das gilt, auch wenn die Unterschiede zwischen Whitehead und Nishitani bleiben.

---

[99] Vgl. A.N. Whitehead (s. Anm. 10) 348.

Quellennachweise

Kap. 1: Religiöse Identität – Fallbeispiel Japan, *Werner Gephart / Hans Waldenfels* (Hg.), Religion und Identität, Frankfurt 1999, 192-205.

Kap. 2: Die wahre Realität: Vortrag an der Universität Marburg, am 2. Mai, 1989 auf Einladung von Prof. Hans Jürgen Greschato

Kap. 3: Die Erfahrung des absoluten Nichts, in *Klaus-Peter Pfeffer* (Hg.), *Vom* Rande her? Zur Idee des Marginalismus. Festschrift für Heinz Robert Schlette zum 65. Geburtstag. Würzburg 1996, 39-49.

Kap.4: Gott als Absolutes Nichts und das Nichts der Gottheit – bei Kitarō Nishida und Meister Eckhart, in *Hamid Reza Yousefi / Hermann-Josef Scheidgen / Henk Sterling* (Hg.); Von der Hermeneutik zur interkulturellen Philosophie: Festschrift für Heinz Kimmerle zum 80. Geburtstag Nordhausen, 2010, 77-91

Kap. 5: Christus die Mitte der Geschichte – aus der Sicht der Re- und Entmythologisierung, Vortrag beim Internationalen Paul Tillich Symposium in Frankfurt am Main 2004, veröffentlicht in Tillich Studien Bd. 13, Berlin 2007, 306-315

Kap. 6: Paul Tillichs Theonomie im Blick auf Mystik und Rationalität, Vortrag beim Ersten Internationalen Kongress der DPTG an der Universität Halle-Wittenberg, Oktober,2007

Kap. 7: Das Problem der Trinität und der Quaternität bei Paul Tillich, Vortrag beim 9. Internationalen Paul Tillich Symposium, in Frankfurt, 2002, veröffentlicht in Tillich Studien Bd. 10, Münster 2004, 313-318

Kap. 8. Transkulturelle Ethik, in *Hamid Reza Yousefi / Harald Seubert* (Hg.*)*: Ethik im Weltkontext: Geschichten – Erscheinungen – Neue Entwicklung, Wiesbaden, 2014, 305-313.

Kap. 9: Menschenrechte im Buddhismus, in *Hamid Reza Yousefi (Hg.)*; Menschenrechte im Weltkontext. Geschichten – Erscheinungsformen – Neuere Entwicklungen. Wiesbaden 2013, 71-77.

Kap. 10: Toleranz im Buddhismus, in *Hamid Reza Yousefi und Harald Seubert (Hg.),* Toleranz im Weltkontext: Geschichten – Erscheinungen – Neue Entwicklungen, Wiesbaden, 2013, .95-102.

Kap. 11: Keiji Nishitanis Philosophie und Whitehead, Vortrag im Seminar von Prof. Reiner Wiehl an der Universität Heidelberg, April 1989.

Statt eines Nachwortes eine Einladung

Eiko Hanaoka, verwitwete Kawamura, geboren 1938, ist vielleicht die letzte Vertreterin der philosophischen Kyoto-Schule, die von Kitarō Nishida (1870-1945) begründet wurde und über Hajime Tanabe (1885-1962), unsere Lehrer Keiji Nishitani (1900-1990) und Yoshinori Takeuchi (1913-2002) bis zu Shizuteru Ueda (1926-2019), um hier nur die bei uns bekanntesten Vertreter der Schule zu nennen, und zu ihr reicht. Alle genannten Vertreter außer Takeuchi sind dem Zen-Buddhismus verbunden. Eiko Hanaoka beschreibt im Kapitel 1 dieses Buches die für unsere Verhältnisse eher ungewohnte Vielseitigkeit der religiösen Identität ihrer Familie. Dabei muss man wissen, dass sie selbst zwar evangelisch getauft ist, jedoch als Zen-Praktizierende in der Nachfolge Nishitanis als Zen-Meisterin den buddhistischen Namen „Shingetsu Rōshi", „Zen-Meisterin Shingetsu" (= Herzensmond) erhalten hat. Sie ist also selbst anerkannte Zen-Meisterin.

Wer um diese doppelte religiöse Verankerung weiß, wird leicht verstehen, dass ihr Lehrer Nishitani, der selbst weit für westliches Denken geöffnet war[100], sie mit ihrem Mann zum Auslandsstudium nach Hamburg zu Helmut Thielicke, (1908-1986), einem evangelischen systematischen Theologen, schickte, wo sie in Theologie promoviert wurde.

Ihr Leben war in der Folgezeit aber auch auf andere Weise doppelt bestimmt: Sie war einmal bis zu ihrer Emeritierung als Professorin mit dem Schwerpunkt Religionsphilosophie tätig, veröffentlichte wissenschaftliche Beiträge und hielt zahlreiche Vorlesungen und Vorträge in Japan, aber auch im Ausland, zumal auch in Deutschland.

Grundlegende Veröffentlichungen in japanischer Sprache sind

Kokoro no Shūkyōtetsugaku (= Religionsphilosophie des Herzens). Tokyo 1994.

Zen to Shūkyōtetsugaku (= Zen und Religionsphilosophie). Tokyo 1994.

Zettaimu no Tetsugaku. Nishida Tetsugaku Kenkyūnyūmon (= Philosophie des Absoluten Nichts. Einführung in das Studium der Nishida-Philosophie). Kyoto 2002.

---

[100] Vgl. dazu ausführlicher mein Buch: Absolutes Nichts. Neuausgabe Paderborn 2013, 75-169, mit Kap.4: 223-249; auch *H. Waldenfels*, Gottes Wort in der Fremde (= Theologische Versuche Bd. 2). Teil II. Der uns fremde Buddhismus. Bonn 1997, 167-331; *ders.*, In Erinnerung an „Sensei" Keiji Nishitani (1900-1990), in *ders.*, Rückwärts blickend vorwärts schauen (= Theologische Versuche Bd. 4) Paderborn 2016, 317-322.

„Jiko" to „Sekai" no Mondai. Zettaimu no Shiten kara (= Das Problem des „Selbst" und der „Welt". Vom Standpunkt des Absoluten Nichts): Tokyo 2005.

und in englischer Sprache:
Zen and Christianity. From the Standpoint of Absolute Nothingness. Kyoto 2008.

Die wichtigsten Beiträge im deutschsprachigen Raum, die in verschiedenen Publikationen veröffentlicht wurden, sind in diesem Band zusammengefasst und geben Einblick in ihr Denken.
Zugleich war und ist Eiko Hanaoka aber nach wie vor der Schweigeübung des Zen verpflichtet und übt sie. Das darf nicht übersehen werden.
In einem Zusatzkapitel zur Neuausgabe meines Buches *Absolutes Nichts*, das ursprünglich in Japan angeregt und dann später zu meiner Habilitationsschrift wurde, habe ich das Grundproblem dieser Situation besprochen. Es besteht darin, dass das in der Schweigeübung erfahrene Unaussprechliche in der auf Kommunikation, Aussprache und Dialog angelegten menschlichen Existenz dennoch zur Sprache drängt und kommt. Was ich dazu angemerkt habe, ist hier nicht zu wiederholen. Wichtig ist nur, dass wir uns der Gefahren bewusst sind, denen wir dabei ständig ausgesetzt bleiben.
Einmal sind wir geneigt, am Ende doch immer wieder die Dinge aus unserem eigenen begrenzten Blickfeld zu beurteilen. Das habe ich wiederholt im Hinblick auf die konkreten Sprachen, die wir sprechen, an konkreten Beispielen erläutert. Ein klassisches Beispiel ist die lange im christlichen Bereich vorherrschende Ansicht, den Buddhismus, wenn schon als „Religion"; dann doch als „atheistische Religion"; also im wörtlichen Sinne als gott-lose Religion ansprechen zu müssen. Diese Zeit ist vorbei. Doch die Frage nach dem Verständnis des Wortes „GOTT" ist umso heftiger erwacht.
Die Frage ist aber dann, wie ich zu einem Verständnis von GOTT gelange. Ist es vor allem eine Frage des Denkens und der Wissenschaft? Welche Rolle spielt gerade bei dieser Frage die menschliche Erfahrung und das konkrete Leben, das wir führen?
Auch Eiko Hanaoka ringt um das Verständnis der Wirklichkeit GOTT. Auf die Grenzen des Sprachverständnisses stoßen wir in diesem Band, zumal wenn es um die zentralen Inhalte des christlichen Glaubens, um die Menschwerdung GOTTES im historischen Jesus und um das trinitarische Gottesverständnis im Christentum geht.

Eine gewisse Tragik macht es aus, dass sie bei den westlichen Gesprächspartnern vor allem auf philosophisch ausgerichtete Autoren gestoßen ist, die aufs Ganze wenig Zeugnis von ihren persönlichen Erfahrungen geben. Es sind außer Helmut Thielicke, dem Hamburger Doktorvater, der eher philosophisch denkende Theologe und Religionsphilosoph Paul Tillich (1886-1965) und der britische Philosoph und Mathematiker Alfred North Whitehead (1861-1947). Katholische Autoren fallen leider ohnehin aus. Das ist verständlich, wenn man bedenkt, dass Keiij Nishitani den Namen „Karl Rahner" erstmals in meiner ersten Begegnung mit ihm von mir gehört hat. Folglich sind Eiko Hanaoka die in der Zeit des 2. Vatikanischen Konzils bedeutenden katholischen Theologen, die um die grundlegenden Fragen christlicher Theologie gerungen haben, unbekannt geblieben. Ich habe sie in meinem letzten Buch *Wann, wenn nicht jetzt? Papst Franziskus in der Krise der Zeit* (Kevelaer 2019, 77-79, dort auch zu Nishitani 108-110) namentlich aufgeführt.

Angesichts des bis heute wirksamen Entmythologisierungsprogramms Rudolf Bultmanns (1884-1976) und seiner Reduzierung des historischen Wissens über Jesus von Nazareth auf seine faktische Existenz und seinen Kreuzestod nimmt es nicht wunder, dass die Beschäftigung mit biblischen Fragen in der Frage nach dem christlichen Gottesverständnis bei Eiko Hanaoka praktisch keine Rolle spielt.

Interessant ist dann eher, dass sie auf ihre Weise nach einer gewissen Remythisierung ruft. Der unmittelbaren Frage, die der Jesus der Geschichte selbst seinen Nachfolgern gestellt hat: „Für wen haltet ihr mich?" (Mt 16,15) stellt sie sich aber nicht. Der Frage ist sie bei Helmut Thielicke, Paul Tillich und A.N. Whitehead, wie gesagt, ganz offensichtlich nicht begegnet, weil es bei diesen Denkern letztlich doch nur um Reflexionen, nicht aber um die Frage nach der konkreten GOTTES-Erfahrung mit oder ohne Jesus von Nazareth ging. Das bleibt so, auch wenn Paul Tillich zwischen dem Rationalen und dem Mystischen unterscheidet.

Für die weitere interreligiöse Diskussion sind daher nicht die eher abstrus wirkenden Überlegungen zu Binität; Trinität und Quaternität GOTTES im Anschluss an Paul Tillich interessant, vorausgesetzt, er hat das ernsthaft gemeint. Den westlichen Gesprächspartner sollte es aber nachdenklich stimmen, wie gewisse theologische Spekulationen auf fremde Hörer wirken. Natürlich kann man nicht verschiedene Gottesvorstellungen additiv zusammenführen und aus drei Personen in Gott + dem Einen Gott eine Quaternität machen.

Zu den bedeutenden Fragen gehört übrigens die von Nishitani sehr wohl erkannte Problematik des keineswegs einfachen abendländischen Person-Verständnisses. Sie wird bei den zitierten westlichen Autoren ganz offensichtlich nicht gründlich bedacht. Gerade hier hätten Aussagen über die konkrete Erfahrung GOTTES, die westliche Theologen persönlich in ihrem Leben machen bzw. gemacht haben, eine wichtige Rolle gespielt.
Keiji Nishitani las in seinem Schülerkreis, als ich daran teilnehmen durfte, keine Texte von Theologen, sondern solche von mittelalterlichen Mystikern. Unvergesslich ist mir eine Sitzung im japanischen Kyoto, in der Texte von Johannes Tauler (1300-1361) in der Ursprache gelesen wurden. Natürlich spielte Meister Eckhart (von ca. 1260 bis vor 1328) eine große Rolle, wobei man wissen muss, dass er mit seinem Gedankengut bis tief in unsere Gegenwart in der katholischen Kirche eher als häretisch eingestuft wurde.
Der entscheidende Beitrag Hanaokas zur Diskussion besteht darin, dass sie die absolut negative Rede vom „absoluten Nichts" (K. Nishida) und von der „Leere" (K. Nishitani) nicht nur für den westlichen Betrachter in die Formulierung „absolute unendliche Offenheit" ummünzte. Mit dieser Begrifflichkeit wird, was vor allem auf den abendländischen Menschen rein negativ wirkt und daher von ihm leichthin abgelehnt wird, positiv und erstrebenswert.
Zu beachten ist dabei, wie Hanaoka immer wieder in ihren Beiträgen von zen-buddhistischer Seite her durch den Verweis auf paradoxe Bild-Geschichten, im Fachjargon „Kōan" genannt, Zugänge zum letztlich Unaussprechlichen eröffnet. Interessanterweise gibt es an einer Stelle eine Überschneidung mit dem jesuanischen Gleichnis vom verlorenen Sohn (Lk 15.11-32): Gerhard Lohfink, der eindrucksvoll die vierzig Gleichnisse Jesu besprochen hat (vgl. sein gleichnamiges, 2020 in Freiburg erschienenes Buch) war die Parallelität zu einem asiatischen Text nicht bekannt. Umgekehrt wäre es aber jetzt sinnvoll, wenn man christlicherseits, analog zum buddhistischen Verfahren, einen Zugang zum Ausdruck und Aussprechen des Unaussprechlichen sucht, auf die Gleichnisse Jesu zurückzugreifen.
Bei allen Schwierigkeiten, das Unsagbare auszusprechen und andere einzuladen, nach ihm zu suchen und es im eigenen Leben wahrzunehmen, was nicht nur mit einer fremden Sprache, sondern auch mit kulturell und religiös anders gelagerten Denkmustern zu tun hat, ist das Buch Eiko Hanaokas eine Einladung, sich für das Fremde zu öffnen. Wie jüdisch-christlich das Liebesgebot sich auf doppelte Weise in der Liebe zu GOTT und

zum Nächsten bewährt, bewährt sich auch die absolute unendliche Offenheit in der Offenheit für Menschen, die anders denken und deren Denken und Sprechen uns zunächst fremd anmutet und ist. Dennoch sollte man sich darauf einlassen. Es kann nur zur Bereicherung und Erfüllung des eigenen Lebens beitragen.

Hans Waldenfels